# MON CHIRAC

## Du même auteur

*Dictionnaire amoureux de Bordeaux*, Plon, 2018.
*De vous à moi*, autoédition numérique, 2016.
*Cinq ans pour l'emploi. Vers un nouveau monde*, Lattès, 2016.
*Pour un État fort*, Lattès, 2016.
*Mes chemins pour l'école*, Lattès, 2015.
*La politique telle qu'elle meurt de ne pas être* (avec Michel Rocard), Lattès, 2011 ; J'ai lu, 2012.
*Je ne mangerai plus de cerises en hiver*, Plon, 2009.
*France, mon pays : lettres d'un voyageur*, Robert Laffont, 2006.
*Entre quatre z'yeux*, Grasset, 2001.
*Montesquieu, le moderne*, Perrin, 1999 ; « Tempus », 2015.
*Entre nous*, Nil, 1996.
*La Tentation de Venise*, Grasset, 1993.
*La Double Rupture*, Economica, 1982.

Alain Juppé

# MON CHIRAC

*Une amitié singulière*

Tallandier

48, rue du Faubourg-Montmartre – 75009 Paris
www.tallandier.com

« Pour faire de grandes choses,
il ne faut pas être un si grand génie ;
il ne faut pas être au-dessus des hommes ;
il faut être avec eux. »

Montesquieu

# Prologue

*Vendredi 20 septembre 2019*

Je suis à la maison à Paris. Il est environ 11 heures. Je m'apprête à aller prendre mon train pour Bordeaux quand je reçois un appel téléphonique de Claude Chirac. Je comprends que la fin approche. Lors de notre dernière rencontre, le 9 septembre, au dîner des Amis du musée qui porte le nom de son père, je lui avais demandé si je pouvais lui rendre visite, ce que je n'avais pas fait depuis plusieurs mois. Elle m'avait répondu que le moment n'était guère propice mais qu'elle me préviendrait avant qu'il ne soit trop tard. C'est maintenant. Je saute dans un taxi. Elle m'accueille rue de Tournon et me conduit au chevet du Président. Je m'assieds au pied de son lit. Elle nous laisse seuls. Il respire difficilement, dans un demi-sommeil. Il ouvre parfois les yeux mais ne me voit pas. Il est déjà loin. Je reste là, de longues minutes, et nos vies défilent dans ma tête.

*Jeudi 26 septembre*

Vers midi, la réunion hebdomadaire du collège s'achève au Conseil constitutionnel. La nouvelle s'inscrit sur l'écran de mon téléphone : Jacques Chirac est mort. Stupeur. Ce n'est pas pour moi une surprise. Mais je suis frappé de stupeur. Tout d'un coup je sens quatre décennies de ma propre vie s'évanouir.

Les jours qui ont suivi ont été dignes, simples et beaux. Je me suis exprimé dans les médias, notamment au journal télévisé d'Anne-Sophie Lapix sur France 2, le soir même. Elle m'a laissé un long temps de parole. Je n'ai pas pu dissimuler mon chagrin. L'adresse du président Macron aux Français était à la hauteur.

La matinée des obsèques, le lundi suivant, restera dans ma mémoire et dans mon cœur. La messe célébrée à 9 h 30 dans l'intimité, à la cathédrale Saint-Louis des Invalides, était, malgré la solennité du lieu, presque familiale. Bernadette était présente, visiblement très affaiblie. Le célébrant, Mgr Jean-Yves Riocreux, évêque de Basse-Terre en Guadeloupe, ami de la famille Chirac, parlait d'une voix bien timbrée, qui n'était pas vraiment empreinte de tristesse mais plutôt d'une espérance et d'une foi communicatives. On a lu les Béatitudes, qui me bouleversent toujours. Message révolutionnaire qui reste une de mes raisons de me sentir et de m'affirmer chrétien. Martin, le petit-fils, a dit un texte simple et vrai, plein d'admiration et d'affection à la fois pour son grand-père. Claude, admirable, était attentive à chacun.

La messe dite à midi à Saint-Sulpice, en présence d'une vaste assemblée et de nombreux chefs d'État, a échappé à la froideur des cérémonies officielles. On y percevait aussi de l'émotion. Et l'Évangile du jour devait donner à penser aux grands de ce monde rassemblés dans la nef : « J'avais faim et vous m'avez donné à manger. J'avais soif et vous m'avez donné à boire. J'étais nu et vous m'avez habillé. J'étais un étranger et vous m'avez accueilli… » (saint Matthieu 25, 31-40). À l'étonnement des justes qui l'entourent, le Christ répond : « Chaque fois que vous l'avez fait à l'un de ces plus petits de mes frères, c'est à moi que vous l'avez fait. » Rappel utile et peut-être dérangeant pour ceux qui invoquent à tout propos nos racines chrétiennes.

L'ampleur, la profondeur de l'émotion populaire ont pu surprendre. J'ai moi-même été étonné de voir un jeune de 17 ans venir vers moi et me dire : « Je suis bouleversé. C'était mon héros ! » Et moi de rétorquer : « Mais, il y a douze ans qu'il n'est plus au pouvoir ! Que peut-il évoquer pour vous ? » Réponse : « La France, simplement. » Cette empathie entre un peuple et l'homme qui l'incarne est une alchimie qui ne se prête pas toujours à l'analyse car c'est un élan du cœur.

Je me suis demandé si mon témoignage ne venait pas trop tard. Et puis je me suis dit que, une fois retombé le bruit des cérémonies, des discours, des hommages venus de tous nos territoires et de tous les horizons, il y aurait toujours place pour une parole plus tranquille, mûrie par le temps qui passe. Alors, j'ai repris ma plume.

# Introduction

Pourquoi ai-je envie d'écrire aujourd'hui à Jacques Chirac ? Nous avons eu tant d'occasions de nous parler ! Ne lui ai-je pas déjà tout dit ? Je ressens pourtant le besoin de m'adresser à lui, en direct, simplement, franchement. Exercice difficile si je veux éviter tout artifice. Je sais ce que je ne veux pas faire. Par exemple trouver un moyen détourné d'écrire mes mémoires, encore que je parlerai forcément beaucoup de moi. J'ai en revanche relu les *Mémoires* de Jacques Chirac qui sont, pour moi, une mine de souvenirs. J'y trouve la confirmation de bien de mes intuitions. Je ne prétends pas non plus faire œuvre d'historien en plongeant dans les archives pour vérifier chaque fait, chaque date. On me pardonnera quelques approximations ou quelques confusions. Je ne veux pas davantage collectionner les anecdotes, et notamment les détails croustillants, les méchancetés largement distribuées, les règlements de compte avec les adversaires que j'ai affrontés en quarante ans de vie politique… sans oublier, exercice plus savoureux encore, mes propres amis. Non ! Je veux laisser parler mon cœur et raconter, au fil de la plume, cette aventure assez rare vécue par deux hommes fort dissemblables et qui cependant ont tissé entre eux un lien de confiance indissoluble.

Je n'appartiens pourtant pas au premier cercle, celui de la famille. Si l'on additionne les effets de ma réserve naturelle – qui m'a valu ma réputation de froideur – et de celle, sans doute différente mais réelle, de Jacques Chirac, on comprend facilement que nous ayons gardé quelque distance. Ce qui ne nous a pas empêchés de constituer une sorte de couple, j'ose le mot, un couple politique original. Si je survole l'histoire de la V^e^ République, je trouve peu d'exemples d'attelages Président/Premier ministre qui, jusqu'au bout, aient tiré en harmonie le char de l'État.

Jacques Chirac m'a donné toutes mes chances en politique. Il m'a fait gravir très vite, trop vite ?, les marches du pouvoir, jusqu'aux plus hautes, ou presque. Je pense lui avoir apporté ma loyauté, mes compétences, et ce que j'avais d'énergie. Je n'ai certes pas l'intention de poser sur les plateaux de je ne sais quelle balance les poids respectifs de nos actes. Je veux simplement dire le bonheur d'avoir fait ce que j'ai fait.

# I

# COMMENCEMENTS

*Première rencontre*

« Monsieur le Président,

En politique tout le monde se tutoie, dès la première rencontre. On s'étonne souvent que je ne vous tutoie pas. Et réciproquement. Au bout de quarante-trois ans ! L'explication est simple. Quand je vous ai adressé la parole pour la première fois, vous étiez Premier ministre en exercice. C'était en 1976. À 31 ans, longues études faites, je quittais juste la « tournée », comme on dit à l'Inspection des finances, c'est-à-dire la période de quatre années que les jeunes inspecteurs, fraîchement sortis de l'ENA, consacrent à la vérification des services extérieurs du ministère des Finances et, plus généralement, des organismes qui reçoivent des fonds publics. J'avais passé de longs mois en province à inspecter des perceptions, des bureaux de douane, des services fiscaux, mais aussi des hôpitaux, des offices d'HLM... et même, à l'étranger, les services culturels de nos ambassades. Je m'apprêtais à rejoindre l'une des grandes directions de ce qu'on n'appelait pas encore Bercy. Plus précisément la direction du Budget. Un beau jour de printemps, j'ai reçu un coup de téléphone de votre directeur de cabinet me convoquant à Matignon le samedi suivant. Suspense. Je mis ma plus belle cravate, mon plus beau blazer et je fus exact au rendez-vous... dans mes petits souliers.

Le directeur de cabinet du Premier ministre s'appelait Jérôme Monod. Je connaissais sa réputation d'homme d'action. Je savais que, s'il avait une proposition à me faire, il n'irait pas par quatre chemins ; il me donna, en effet, 48 heures pour accepter ou refuser d'entrer dans votre équipe pour m'y occuper de diverses questions économiques sur lesquelles, en tant qu'inspecteur des finances, j'étais censé avoir quelques lumières. Mais vous cherchiez aussi à muscler la cellule de collaborateurs qui préparaient vos discours. J'étais le normalien sachant écrire qu'on recrutait comme « nègre » – c'est le terme qu'on osait encore employer à l'époque. Vous étiez donc Premier ministre et j'étais un modeste conseiller technique à votre cabinet quand nous fîmes connaissance. Je ne me souviens plus très bien si notre première rencontre eut lieu à l'occasion de cette visite à Jérôme Monod ou plus tard. Je sais en tout cas que vous avez fait irruption en coup de vent dans le bureau de votre directeur de cabinet qui jouxtait le vôtre, que vous m'avez gratifié d'une solide poignée de main et de quelques banales paroles de bienvenue. Il était évidemment hors de question que, dans ce contexte, je vous tutoie. Nous avons, au fil du temps, gardé cette habitude. C'est avec surprise que, bien des années plus tard, je vous ai entendu m'accueillir, chez vous, d'un sonore :

« Alain, comment vas-tu ? » L'âge et la fatigue avaient fait leur œuvre. Mais j'en ai été tout retourné.

Rétrospectivement, je me suis fait mon petit cinéma. J'ai raconté que, dès l'abord, vous m'aviez interrogé sur mon intérêt pour la politique et prévenu que, pour avoir l'écoute des électeurs, il fallait aimer « tâter le cul des vaches ». L'anecdote est probablement fausse. On vous a souvent prêté cette phrase, très « corrézienne ». C'est pourquoi, aujourd'hui encore, je continue d'y croire. Il faut sacrifier à quelques clichés. Ce qui reste clair en revanche dans ma mémoire, c'est l'impression que vous m'avez donnée, celle d'une présence physique qui occupait tout l'espace, d'une stature due à la taille, mais aussi à l'énergie que vous dégagiez.

## *Chaban et Chirac*

Quelle idée me faisais-je de l'homme politique que vous étiez en 1976, moi qui n'avais à l'époque aucun engagement partisan ? En bon Landais, j'avais pour référence la haute figure de Jacques Chaban-Delmas, le « duc d'Aquitaine ». À droite, chez les gaullistes, dans la région en tout cas, personne ne contestait vraiment son leadership. Lors de l'élection présidentielle de 1974, j'avais naturellement voté pour lui au premier tour ; et je m'étais sans état d'âme reporté sur Giscard au deuxième. Je ne m'étais pas interrogé sur la position que vous aviez prise avec 43 parlementaires et ministres gaullistes en faveur de Giscard contre le candidat de votre propre parti, avant même le premier tour. S'agissait-il d'une trahison ? Ou d'un courageux acte de lucidité politique ? Dans vos *Mémoires*, vous vous expliquez en ces termes : « [Ma] conviction est simple : je ne crois pas que Chaban, qui fait figure d'homme du passé en dépit de son projet de "nouvelle société", ait la moindre chance de l'emporter face à Valéry Giscard d'Estaing et François Mitterrand qui, chacun à sa manière, incarnent le changement auquel aspirent les Français. J'ai le sentiment de surcroît, pour ne pas dire la certitude, que Georges Pompidou n'eût pas soutenu sa candidature, préférant à tout prendre celle de Giscard, dont il estimait davantage les qualités intellectuelles[1]. »

C'est le deuxième argument qui me paraît décisif. Le « maître » de Chirac en politique, c'est Pompidou ; c'est le terme qu'il emploie pour le désigner dans le magnifique hommage qu'il lui rend après sa mort : « Un maître en esprit. Un maître en sagesse, en courage. Un maître dans l'action, dont nous aurons désormais le devoir de poursuivre l'œuvre inachevée[2]. » La filiation de Jacques Chirac au sein de la famille gaulliste, c'est Pompidou, ce n'est pas Chaban. Si l'on ajoute que l'entourage de Pompidou ne tenait pas Chaban en haute estime et que Pierre Juillet et Marie-France

1. Jacques Chirac, *Mémoires*, t. 1, *Chaque pas doit être un but*, Paris, Nil Éditions, 2009, p. 167.
2. *Ibid.*, p. 162.

Garaud, sa garde rapprochée, lui vouaient depuis longtemps une tenace hostilité, peut-on dès lors parler de trahison ? Chirac n'était pas des fidèles de Chaban qui n'était pas son mentor. Quant à l'argument d'utilité, il avait vu juste ; dès le début, la campagne de Chaban fut calamiteuse et justifia les préventions de Chirac. Je me souviens des désastreux moments de télévision qui réunissaient sur le même plateau Chaban et Malraux. Mes amis et moi, qui soutenions sincèrement Chaban, comptabilisions le nombre de voix que chaque minute de débat faisait perdre à notre candidat.

J'ai toujours gardé avec Chaban des relations confiantes. Je lui rendais visite de loin en loin. De sa voix nasillarde, il me saluait d'un amical : « Bonjour, cher camarade ! » Ce n'était pas signe d'une appartenance commune au Parti communiste, on s'en doute, mais à l'Inspection générale des finances dont nous étions tous deux fiers d'être membres. Entre inspecteurs, on se donne du « cher camarade ». Jamais Chaban n'eut devant moi un propos désobligeant à l'égard de Jacques Chirac. Jamais il ne me tint rigueur d'avoir été l'un de ses proches. C'est lui qui, en 1994, m'attira à Bordeaux et mit ses équipes à mon service pour m'aider à conquérir « sa » mairie. Je mis un point d'honneur à assumer tout son héritage, forces et faiblesses mêlées, par fidélité et par conviction tout à la fois, au grand dam de ses opposants, volontiers rancuniers, qui, déçus de mon refus d'instruire le procès de l'équipe qui m'avait précédé, me menèrent une guérilla hargneuse dès mon élection.

À Matignon, Chaban m'accompagnait de ses conseils. Avant l'élection présidentielle de 1995, il s'était réconcilié avec Chirac. En mars de cette année, « assis dans son fauteuil de maire de Bordeaux », il avait accordé un soutien sans équivoque au maire de Paris, en dessinant le portrait-robot du bon candidat : « Un gaulliste avéré, convaincu et fidèle aux enseignements du général de Gaulle [...] porteur d'espérance et de grandeur, un homme de cœur, un homme généreux qui se tournera d'abord vers les malheureux et les faibles, vers les exclus, les jeunes et les personnes âgées... » À sa manière, il concluait, en se tournant vers Chirac : « Cet homme existe ! » Il ajoutait, bien sûr – c'était un homme consensuel –, qu'il « conservait toute son estime à Édouard Balladur ». Cette réconciliation me remplit de bonheur.

Comment donc avais-je atterri, en 1976, dans le bureau de Jérôme Monod, antichambre de celui du Premier ministre ? Je me le suis longtemps demandé. Je n'avais aucune relation dans le monde politique. Je n'avais jamais milité ni dans un parti ni dans un syndicat étudiant. À l'École normale, je m'étais soigneusement protégé de la contagion de la pensée dominante, celle d'Althusser. En mai 1968, j'avais traîné boulevard Saint-Michel, à l'Odéon ou à la Sorbonne en curieux plus qu'en manifestant ; le 30 mai, j'étais sur les Champs-Élysées en fin de cortège, dans l'anonymat le plus complet, pour soutenir de Gaulle contre la chienlit. J'ai, il est vrai, mené un premier combat politique en janvier 1971 lors de l'amphi garnison de ma promotion de l'ENA à Font-Romeu. Plusieurs élèves proposaient, pour nom de baptême, celui de « Commune de Paris ». 1870-1970, bien sûr… Avec quelques camarades nous organisâmes la contre-offensive en faveur du général de Gaulle qui venait de disparaître en novembre dernier. Nous l'emportâmes. C'est peut-être à cet épisode que je dus ma réputation de pencher plus à droite qu'à gauche.

J'ai fini par remonter la piste. J'avais rencontré, dans mes débuts à l'Inspection générale des finances en 1972, un « camarade », déjà bien avancé dans la carrière administrative, qui s'appelait Jacques Friedman. J'ignorais à l'époque les liens qui l'unissaient à Jacques Chirac. Tout comme sa proximité avec Jérôme Monod à qui il dût suggérer mon nom. C'est dire combien étaient grandes ma méconnaissance des cercles du pouvoir et mon inexpérience politique.

## *Éminences grises*

Vous parlez de Jacques Friedman comme de l'un de vos intimes. Vous rappelez que vous étiez camarades au lycée Carnot, puis à Sciences Po rue Saint-Guillaume. À l'ENA, il était comme vous de la promotion Vauban. Vous le qualifiez d'« un des hommes qui a le plus compté dans [votre] vie ». Il a servi très tôt dans vos cabinets ministériels, à l'Économie et aux Finances, puis aux relations avec le Parlement, à Matignon enfin en 1974. Puis il a poursuivi sa carrière dans des entreprises publiques et privées, sans jamais que se distende l'amitié que vous vous portiez l'un l'autre. Vous en avez fait le président d'honneur de votre cher musée du Quai-Branly. Vous m'incitiez à prendre ses conseils le plus souvent possible, ce que je faisais volontiers. J'appréciais sa personnalité, sa modestie, sa timidité, sa subtile intelligence. C'était un homme d'influence plus que de pouvoir. J'aimais la façon dont il prenait toujours le temps de réfléchir avant de parler, qualité rare dans le monde politique. C'était surtout un conciliateur, un modérateur. Il avait servi au cabinet de Giscard, puis en 1986 dans celui de Balladur où il avait été l'un des artisans des privatisations. En 1995, l'affrontement entre Balladur et vous l'a beaucoup affecté. Il a essayé de vous rabibocher. En vain.

Les images toutes faites ont la peau dure, si l'on peut dire. Jérôme Monod, lui, c'était pour tous « le protestant austère ». Protestant, à coup sûr, d'une grande famille du pays de Gex dont on ne compte pas les hommes illustres, en médecine, à l'université, dans les arts… Austère par voie de religion et il est vrai que ce n'était pas un joyeux luron. Le contraste avec Pasqua, tout en rondeur gouailleuse, était par moments réjouissant. C'était aussi l'un de vos proches. Son épouse, Françoise, petite-fille d'Henri Queuille, faisait le lien avec la Corrèze. Pour le jeune fonctionnaire que j'étais, Monod était un modèle de rigueur, intellectuelle et morale, d'efficacité, de sens du service public porté au plus haut niveau. Formé par Michel Debré, Premier ministre du général de Gaulle, dans le cabinet duquel il était entré à

29 ans, il avait fait merveille, pendant plus d'une décennie, à la Datar (Délégation à l'aménagement du territoire et à l'action régionale), cette prestigieuse administration de mission, comme on disait alors, dont Olivier Guichard avait été l'initiateur. Les nostalgiques d'une « grande politique d'aménagement du territoire » qui nous manque sans doute aujourd'hui en parlent encore. Monod avait la conviction qu'une intervention robuste de l'État pouvait être féconde en ce domaine comme dans celui des restructurations industrielles dont il s'est aussi occupé. Ce qui ne l'a pas empêché d'être un chef d'entreprise « pro-actif », quand il quitta la politique et prit la tête de la Lyonnaise des eaux dont il réussit l'internationalisation. Ce qui me séduisait chez lui, c'était le goût de l'action concrète et la réactivité : peu de mots, vite des actes. Bourreau de travail, il mettait en tension ses équipes ; mais il savait donner du sens à l'action, si bien qu'il entraînait les hommes et les femmes dont il s'entourait. C'est sans doute pour ces qualités que vous lui avez mis la pression pour qu'il accepte de prendre le secrétariat général du RPR à sa naissance. Ce n'était pourtant pas sa tasse de thé. Il n'était pas à l'aise dans un milieu qui n'était pas le sien et qui le lui faisait sentir. Il n'était pas bon à la télé et sa tête d'enterrement sur les écrans faisait des dégâts dans l'opinion. Quand en 1978, au lendemain des élections législatives gagnées, vous l'avez déchargé du fardeau, ce fut pour lui et son épouse un immense soulagement. Son aide me fut précieuse en maintes circonstances et j'ai toujours pu compter sur son soutien auprès de vous. C'est lui qui m'a donné ma chance dans l'appareil du RPR. Et quand

il revint à l'Élysée auprès de vous en 2000, c'est lui qui m'a permis de réussir la création de l'UMP. Je me sentais très proche de ses idées quand il signait un « Manifeste pour une Europe souveraine ». J'admirais sa vision quand il contribuait au « Pacte mondial de l'ONU » en définissant les devoirs fondamentaux de l'entreprise en matière de droits de l'homme et déjà de « raison d'être ».

L'un de vos grands talents aura été de savoir vous entourer de tels conseillers, contrepoids (ou contrepoisons ?) à la faune politique dans laquelle vous étiez, vous, si manifestement à l'aise.

Tout fier de mon nouveau titre de « conseiller technique au cabinet du Premier ministre », je me mis au travail. On m'avait attribué un petit bureau sous les toits du 58 de la rue de Varenne. La canicule sévissait en cet été 1976. Je transpirais à grosses gouttes en peinant sur mes dossiers. La préoccupation économique majeure, à l'époque, c'était l'inflation qui tournait autour de 10 %. Le choc pétrolier de 1974 n'était pas encore digéré. Je me plongeai dans mes cours d'économie pour en tirer une note qui eut un petit succès d'estime chez le conseiller économique en chef du cabinet, François Heilbronner. Je compris vite que ce n'était pas vraiment ce que le Premier ministre attendait de moi. La commande des premiers discours ne tarda pas. L'un devait porter sur la politique de Défense et j'allai à la source auprès des chefs militaires qui reçurent poliment le conseiller « technique » du Premier ministre. Un autre sur l'aménagement du territoire si ma mémoire ne me trahit pas. Je mettais en garde contre la croissance mal maîtrisée des « mégalopoles » – le mot plut – qui asséchait les territoires qu'on n'appelait pas encore périphériques. Je me souviens très bien en revanche de l'appel que Chirac voulait adresser aux jeunes gaullistes et à l'UJP, l'Union des jeunes pour le progrès. Penaud, je lui avouai ma grande ignorance du sujet. Qu'à cela ne tienne ! Il me mit en contact avec la jeune garde gaulliste de Paris et de sa région. C'est à cette occasion que je fis la connaissance de Nicolas Sarkozy. Tignasse en bataille, verbe exubérant, cordialité calculée... il m'impressionna d'emblée. Je sentis que sa personnalité tranchait dans le monde politico-administratif où je venais d'entrer. Chirac l'avait « remarqué », dit-il, à l'occasion d'un meeting, au milieu des années 1970. Il raconte que Sarkozy s'était exprimé « avec brio pendant plus d'un quart d'heure. Il avait à peine vingt ans et faisait preuve d'un tempérament politique prometteur[3] ». Jacques Chirac a toujours su distinguer les talents et les attirer à lui. C'est une grande qualité pour un homme d'État. Les hommes politiques de moindre niveau redoutent souvent la concurrence et préfèrent s'entourer de gens médiocres.

3. *Ibid.*, p. 408.

Je n'aime pas beaucoup la prétention des « nègres » qui se flattent d'écrire les discours de leur patron. Certes j'ai noirci, sans jeu de mots, d'innombrables pages pour vous. Mais vous consacriez un temps infini à la relecture, je devrais dire à la réécriture des textes que je vous soumettais. Votre souci de la précision ne portait pas seulement sur le vocabulaire - on vous pressait de faire la chasse aux mots « technos » - et la syntaxe - le style du « parlé » n'est pas celui de « l'écrit » - mais aussi sur le fond des idées que vous vouliez exprimer. Vous convoquiez à ces séances vos principaux conseillers politiques qui n'épargnaient pas les malheureux rédacteurs, mis à la torture. Les conseilleurs ne sont pas les payeurs, ni les critiques les auteurs, c'est bien connu. C'est ainsi que je fis successivement la connaissance de Pierre Juillet, de Marie-France Garaud, de Charles Pasqua, et plus tard d'Édouard Balladur, omniprésent de 1981 à… 1993. Ce fut pour moi une école d'humilité. Tous savaient « la politique ». Le technocrate que j'étais l'apprenait. Vous arbitriez. Mais avant que ne tombe le couperet, le supplice durait des heures en différents lieux : à Matignon, puis dans un appartement de la rue Vaneau, et dans votre bureau de l'Hôtel de Ville de Paris bien sûr à partir de 1977. Mes compagnons d'infortune, Dominique Latournerie, Alain-Gérard Slama notamment, et moi reprenions notre copie sous le bras pour la mettre définitivement en forme en respectant vos annotations au feutre rouge. C'était bien votre discours. Vous lui aviez imprimé votre marque.

On se souvient dans nos campagnes de la sécheresse de 1976. Vos conseillers techniques planchaient sur un

« plan sécheresse ». Les « politiques », eux, autour de vous, avaient d'autres soucis. Nouvelle preuve de ma grande inexpérience des choses politiques, lorsque, au printemps, j'étais entré, fier et joyeux, dans votre cabinet, je n'avais aucunement anticipé la crise qui allait éclater à l'été. En juillet, je partis tranquillement en vacances. J'y reçus la nouvelle de votre démission comme un coup de tonnerre. Je méditais les termes du communiqué dans lequel vous annonciez votre décision, non pas de démissionner, mais « de mettre fin à vos fonctions », ne disposant pas des moyens que vous estimiez « nécessaires pour les assumer efficacement ». J'en savourais la fière arrogance et j'appréciais votre panache. Mais, loin de votre cercle rapproché, j'étais bien incapable de démêler l'écheveau de vos relations avec Valéry Giscard d'Estaing.

Ma première préoccupation, en août 1976, au lendemain de votre départ – il ne fallait pas dire démission – était très égoïste : je devais me trouver un point de chute professionnel. Vous avez toujours veillé à « recaser » vos collaborateurs, j'en ai été le témoin tout au long des années. Avec votre aide et celle de Jérôme Monod, j'atterris au cabinet de Robert Galley, ministre de la Coopération dans le nouveau gouvernement, celui de Raymond Barre. Je connaissais peu Robert Galley. Je savais qu'il s'était engagé à 19 ans dans la Résistance, qu'il y avait fait preuve d'un grand courage, notamment dans les rangs de la 2e DB du général Leclerc, que le général de Gaulle l'avait fait compagnon de la Libération. Je savais qu'au lendemain de la guerre, devenu « centralien », il avait exercé des fonctions importantes au CEA (Commissariat à l'énergie atomique) avant de se lancer en politique et d'occuper de nombreux postes ministériels. Bref, c'était à l'évidence un grand baron du gaullisme et je n'hésitai pas à accepter le poste de conseiller budgétaire qu'il me proposa. Nos relations devinrent très vite amicales et même chaleureuses. Il me fit découvrir l'Afrique où je l'accompagnais dans ses visites officielles. À Agadez au Niger, il décrypta pour moi les splendeurs du ciel, la nuit, dans le désert africain. Par un heureux hasard de calendrier, j'échappai cependant au sacre de Bokassa où il représenta la France. Il n'en négligeait pas pour autant sa ville de Troyes qu'il regagnait chaque week-end, au volant de sa voiture. Il m'y invita souvent pour me montrer avec fierté ses réalisations. C'était un homme d'abord facile, direct, et politiquement… consensuel. Il était resté au gouvernement après votre départ, ce qui lui valut l'étiquette de « ministre gaulliste giscardien ». Il me permit, sans réticence, une fois ma tâche accomplie à son cabinet, de poursuivre mon action militante au sein du RPR. Vous lui avez gardé votre amitié et votre confiance. Il est resté longtemps trésorier du RPR. C'est à ce titre qu'il s'est retrouvé sur le banc des accusés à mes côtés devant le tribunal de Nanterre[4] qui, eu égard à son prestigieux passé de combattant, ne l'a pas sanctionné.

Nos routes auraient pu alors se séparer. Mais votre entourage proche m'avait conservé dans son radar, Jérôme Monod en premier lieu. Vous-même aviez apprécié le style des discours que je vous préparais. Les phrases courtes, le rythme ternaire que j'avais hérité de mes classes norma-

4. Voir p. 181.

liennes collaient bien à votre diction. Certes Pierre Juillet et Marie-France Garaud m'invitaient parfois à y mettre plus de « souffle ». Ils ne manquaient jamais de vitupérer contre les « technocrates », catégorie maudite dans laquelle ils étaient tentés de me ranger. Il est vrai que je n'aimais guère l'emphase, les grandes phrases qui me semblaient creuses. Et pourtant, dans un meeting, il faut haranguer la foule, la soulever, s'adresser au cœur autant qu'à l'esprit. J'ai appris avec le temps.

### *La création du RPR*

À peine sorti de Matignon, vous êtes reparti au combat. Je compris rapidement que votre objectif était clairement la conquête du pouvoir suprême. Réaliste comme toujours, vous avez entrepris de vous doter de l'outil nécessaire, c'est-à-dire, en démocratie, d'un parti politique performant. J'embarquai donc dans l'aventure. Ce fut, à l'automne 1976, la création du RPR, le Rassemblement pour la République.

Il y fallait une organisation. C'est la tâche que vous avez confiée à Jérôme Monod qui s'en acquitta avec son efficacité coutumière. Il trouva des locaux dans la tour Montparnasse. Tout un symbole. Nous dominions Paris ! Il constitua une équipe, en privilégiant la compétence, sans doute au détriment de l'expérience. Mais les barons du gaullisme veillaient au grain. Certains m'accueillaient avec bienveillance. D'autres m'observaient avec méfiance, inquiets de voir pointer « un jeune loup ».

## *« Ce terrible monsieur Pasqua »*

Je n'ai jamais vraiment démêlé les sentiments que me portait Charles Pasqua. Lui me fascinait d'une certaine manière : sa jovialité, son humour servi par un accent qui réchauffait tout de suite l'atmosphère, son pragmatisme et son sens de l'organisation le rendaient utile voire indispensable dans le parti gaulliste. Son implication dans la construction du RPR fut décisive. Certes, à son propos, j'entendais prononcer les mots de « réseaux », de « barbouzes », de « SAC »... C'était pour moi du chinois. Et je n'ai jamais eu le goût de « l'investigation » qui est devenue une pratique obligée dans la vie publique. Nous avons cohabité sans problème dans le gouvernement de 1986-1988. Nous nous sommes affrontés quand, en 1989, il tenta un putsch dirigé prétendument contre le secrétaire général du RPR que j'étais mais en fait contre son président, « Jâc-queu », comme il vous appelait avec l'accent. J'ai eu du mal à comprendre sa trahison en 1993 lorsqu'il rallia le camp d'Édouard Balladur tant la sensibilité, la culture, les convictions politiques, notamment en matière européenne, des deux hommes me paraissaient éloignées. Mais nous cohabitâmes à nouveau au gouvernement entre 1993 et 1995. Non sans tensions ni sans méfiance. Lorsque je décrochais mon téléphone à l'époque, je m'amusais à commencer ma conversation par un sonore « Pasqua, je t'em... ». Avec les écoutes, on ne sait jamais... Étiez-vous, vous-même, pleinement rassuré ? Je lis avec gourmandise ce passage de votre conversation avec François Mitterrand en 1986, au moment de la constitution du gouvernement de cohabitation. Le Président fait part au nouveau Premier ministre de ses doutes sur la nomination de Charles Pasqua au ministère de l'Intérieur : « Je n'ai rien contre, vous dit-il. Mais il risque de nous faire écouter l'un et l'autre 24 heures sur 24. Moi, cela ne me dérangera pas, il y a longtemps que je ne dis plus rien au téléphone. » Vous enchaînez : « Je me porte garant de Charles Pasqua dont je l'assure que nous n'avons, ni l'un ni l'autre, rien à redouter. Ce qui n'a pas l'air de le convaincre, pour ce qui me concerne[5]... » Je ne sais pas comment interpréter cette fin de phrase, j'adore ces points de suspension, savoureux...

Nous nous sommes opposés plus sérieusement, Pasqua et moi, lors du détournement de l'avion d'Air France reliant Alger à Paris du 24 au 26 décembre 1994. Je ne partageais pas la confiance qu'il avait dans les autorités algériennes pour procéder à la libération des otages sur le tarmac de l'aéroport d'Alger. Je conseillais de tout faire pour que l'avion revienne en France. Édouard Balladur eut à décider. Finalement, le GIGN mit fin au détournement à l'aéroport de Marseille, dans une opération conduite avec un courage et une efficacité admirables. Je continuais à me méfier des réseaux parallèles qu'utilisait parfois Charles Pasqua ; ma position constante, dans mes responsabilités gouvernementales, fut de faire confiance aux services officiels français. Ce fut ma ligne de conduite lors de la tragédie de l'enlèvement des moines de Tibhirine, en Algérie, dans la nuit du 26 au 27 mars 1996. Cela me valut, de la part

5. *Ibid.*, p. 321.

du préfet Jean-Charles Marchiani, l'un des proches de Charles Pasqua, l'accusation de n'avoir pas accordé tout le crédit qu'elle méritait, selon lui, à sa médiation secrète et donc d'avoir échoué à prévenir le massacre des moines. Cette accusation est totalement infondée car nos services m'apportaient la preuve que la « médiation » venait trop tard. Mais sa gravité est sans doute le coup qui m'a le plus blessé dans toute ma vie politique. J'ai été un peu apaisé quand j'ai lu ce que vous écriviez de Marchiani, « l'émissaire secret » dépêché quelques années plus tôt par Pasqua pour libérer nos otages au Liban – c'était en 1988 : sans contester les efforts d'un homme avec lequel, dites-vous, vous n'avez eu que « des contacts épisodiques », vous en faites « l'un des rouages parmi d'autres d'une action collective »[6]. Sage réserve.

Dans l'organigramme du tout nouveau RPR, c'est le poste de « délégué national aux études » qui m'échut. Je n'étais pas sûr que, malgré un titre ronflant, il eût une importance stratégique. Marie-France Garaud entreprit de me convaincre au cours d'un déjeuner en tête à tête… le seul que nous avons jamais partagé. Elle avait du charme, du « chien ». Elle savait en jouer. Vis-à-vis de Jacques Chirac ? Je n'en sais rien et je me méfie des rumeurs. Ce qui est vrai, c'est que l'un et l'autre étions sensibles à la séduction féminine.

6. *Ibid.*, p. 355.

Aujourd'hui nous devrions être sur nos gardes pour n'en rien laisser paraître...

Ma convive m'expliquait tout le bien qu'elle pensait de moi et quelle aventure exaltante j'allais vivre dans la nouvelle équipe ; je craquai donc facilement et me retrouvai bombardé à la direction des études du nouveau parti. Cette « direction » était en réalité squelettique et se résumait même à ma personne. Mais les bonnes volontés étaient nombreuses. J'animais chaque soir, et chaque week-end, des groupes de travail où se pressaient jeunes élus, parlementaires chevronnés, hauts fonctionnaires engagés, chefs et cadres d'entreprise... Tous gambergeaient avec un enthousiasme, une créativité qui me stimulaient, sur les réformes qui allaient changer la France. Une fois les idées en place, j'allais les soumettre à Jérôme Monod qui les disséquait au scalpel, en pointait sans indulgence les faiblesses, en « achetait » sans timidité les audaces. Ce fut une période passionnante. J'en tirai une collection de fascicules sur les sujets les plus variés, par exemple la fiscalité, l'éducation, la politique familiale et même ce que j'appelais « la démocratie du quotidien », c'est-à-dire la nécessaire régénérescence de la démocratie représentative par des mécanismes de concertation, de participation, de « co-construction » qui impliquent davantage le citoyen dans le processus de la décision publique. Déjà !

Vous nous laissiez conduire ce travail avec le recul qui convient au chef. C'est grâce à la préparation de vos discours que je gardais un lien plus direct avec vous.

Quelques grands discours ont jalonné les débuts du RPR. Celui d'Egletons d'abord, le 3 octobre 1976. C'est du cœur de votre fief corrézien que vous aviez choisi de lancer l'appel au sursaut, l'appel au combat. Vous promettiez aux élus du parti de « les conduire à la victoire en 1978 », c'est-à-dire aux prochaines élections législatives dont la perspective commençait à les inquiéter.

Nous avions, vous aviez beaucoup travaillé votre texte. Vous commenciez par une précaution oratoire qui ne trompait personne : « Certains voudraient m'opposer, affirmiez-vous, au président de la République. Ils perdent leur temps. Il est le garant de nos Institutions, élu du peuple, et nul n'a le droit de contester sa légitimité. » Ce qui ne vous empêchait pas de célébrer avec vigueur le volontarisme en politique, où d'aucuns pouvaient voir une critique implicite du pouvoir en place. Nos militants, nos députés avaient en effet besoin d'une vigoureuse mobilisation contre la gauche « socialo-communiste » qui, sous la férule de François Mitterrand, leur paraissait de plus en plus menaçante. Ils ne sentaient pas chez le président Giscard ni au gouvernement une ferme détermination à livrer bataille. À leurs yeux, comme aux miens, vous deveniez le seul champion possible.

Vous vous fixiez trois objectifs : défendre l'indépendance nationale ; affermir les institutions de la République contre les signataires du programme commun, « socialo-communiste » insistiez-vous ; renforcer la liberté. Projet somme toute classique pour un gaulliste. En relisant le discours, j'y retrouve deux idées directement issues de la production de nos groupes de travail : l'une sur la fiscalité qui, annonciez-vous, « devra être assise [à l'avenir] non seulement sur les dépenses et les revenus mais aussi sur le capital » (cette anticipation de l'impôt sur la fortune n'eut pas l'heur de plaire aux plus conservateurs d'entre nous…) ; l'autre sur « ma » démocratie du quotidien : « Les citoyens, disiez-vous, veulent aujourd'hui passer de l'exercice périodique de la démocratie à des formes originales de démocratie du quotidien. » Diagnostic prononcé en 1976 !

Mais ce n'est pas cela qui fut retenu du discours d'Egletons. Une phrase, dont je n'ai jamais su comment elle avait été introduite dans votre discours, fit mouche : « Le Grand Rassemblement auquel je vous convie, proclamiez-vous en conclusion, devra allier la défense des valeurs essentielles du gaullisme aux aspirations d'un véritable travaillisme à la française. »

Le mot « travaillisme », emprunté à la gauche anglaise, même accommodé à la française, fit scandale. Vos détracteurs vous firent procès de confusion idéologique au moment où vous pourfendiez le socialo-communisme. Vos partisans rappelèrent que le gaullisme avait toujours été porteur d'une ambition sociale et que son projet de participation des salariés au capital, voire à la gestion des entreprises, sentait le soufre au nez des tenants d'un capitalisme pur et dur.

Je ne sais comment vous vous êtes collé, du moins dans les premiers temps, l'image d'un homme de droite plutôt sectaire. Sans doute est-ce votre combativité, votre dureté contre la gauche, qui était alors, selon le slogan constamment martelé, « socialo-communiste », qui a nourri cette réputation. Elle vous laissait, vous-même, perplexe et, en quelque sorte, blessé : « Je ne parviens pas, avouez-vous sur le ton du regret, à m'affranchir de mon image un peu rebutante de chef de parti, d'homme d'ordre et de conservateur. "Facho-Chirac", comme certains se sont plu à me surnommer, n'a pas encore disparu de tous les esprits. On ne se débarrasse pas facilement de ce genre d'étiquette[7]. » Il y faudra du temps en effet.

Quand on connaît l'homme que vous êtes en vérité, on est surpris que votre profonde humanité, l'attention que vous portez aux autres, et surtout aux plus faibles, n'aient pas corrigé cette impression superficielle. Vos amis corréziens vous avaient, eux, au premier contact, percé à jour. Sans aller jusqu'à l'emballement de Charles Spinasse, ce personnage politique au parcours déroutant qui, pendant la guerre, se fourvoya dans la collaboration avec l'Occupant, mais fut un des piliers de la chiraquie corrézienne ! Il n'hésitait pas à affirmer : « La couleur politique de Jacques Chirac est sans aucun doute socialiste. » Affirmation caricaturale, évidemment, sauf à vider le mot « socialiste » de tout sens. Le « bon docteur Queuille », longtemps député d'Ussel, chef du gouvernement à trois reprises et ministre quasi inamovible sous la IV^e^ République, adversaire déclaré du général de Gaulle à l'époque du RPF, ainsi que vous le décrivez, porta sur vous un jugement qui me paraît plus pertinent : « Voilà un jeune homme qui mériterait d'être

7. *Ibid.*, p. 380.

radical. » Héritage, à n'en pas douter, de votre grand-père Louis Chirac dont vous parlez avec fierté dans vos *Mémoires*. Vous le présentez comme « un instituteur apprécié de ses élèves comme de ses supérieurs, [...] archétype même du "hussard noir de la République", [...] membre actif du parti radical-socialiste, [...] ardent défenseur du Cartel des gauches dans les années vingt, comme du Front populaire, qu'il eut le bonheur, peu avant sa mort, de voir triompher aux élections du printemps 1936[8] ». Racines ! On comprend que vous n'ayez pas attendu le « nouveau monde » pour transcender les clivages droite/gauche. Néanmoins, le mot « travaillisme » disparut de votre vocabulaire.

Le 5 décembre suivant, cinquante mille personnes réunies au Parc des expositions de la porte de Versailles vous acclamèrent lors des premières assises nationales du Rassemblement pour la République. Le discours nous avait donné bien du fil à retordre car il fallait y mettre, ce coup-ci, tout le souffle propre à entraîner une immense foule. C'était la première fois que j'assistais à un grand meeting populaire. Je m'étais glissé presqu'au fond de la nef, appuyé sur un pilier de béton. Je découvrais l'ambiance, les clameurs, la ferveur des militants électrisés. Je vous découvrais loin des ors de Matignon, rayonnant, serrant les mains tendues vers vous, le sourire un peu crispé sous le coup de la fatigue au fur et à mesure que vous avanciez vers la scène. Infatigable en fait dans ces bains de foule régénérateurs où les grands animaux politiques puisent les ressources nécessaires au combat. Quand on

8. *Ibid.*, p. 14 et suiv.

parle de vous, l'expression « animal politique » vient tout de suite sur les lèvres. Il y a bien quelque chose d'animal dans votre démarche, dans votre façon d'être au milieu des autres. Votre taille, votre corpulence en imposent. La présence physique compte dans la vie politique.

Vous m'avez donné le goût de ces grands rassemblements, les « meetings » comme nous disons, qui scandaient le calendrier politique naguère et qui ne sont pas encore tout à fait passés de mode aujourd'hui. Vous m'avez enseigné le respect des « militants », cette catégorie de citoyens souvent moqués par les beaux esprits qui leur reprochent de manquer de finesse et de pratiquer sans nuance le culte du chef. J'ai appris à aimer leur dévouement, leur désintéressement, leur foi dans le succès de leurs idées. Il faut avoir la foi pour voyager une nuit entière dans un car plus ou moins confortable, avaler un mauvais sandwich, et au petit matin commencer à remplir les travées d'une salle glaciale, devant la tribune vide que, plus tard dans la matinée, les hiérarques du parti viendront occuper. Chaque fois, la récompense était, pour eux, au bout du chemin : votre arrivée dans le tumulte des ovations et le tourbillon des poignées de main. En ce temps-là, on ne faisait pas encore de « selfies » ! Certains doutent de l'efficacité électorale de ces meetings et de la démocratie d'autocars qu'on reprochait au RPR de pratiquer à l'excès. Certes, l'auditoire des meetings est généralement composé de militants convaincus ; il n'est pas sûr qu'on déplace ainsi beaucoup de voix. Mais vous m'avez persuadé que, pour gagner, il faut commencer par donner confiance à ses troupes, les galvaniser, les entraîner en espérant que leur enthousiasme sera communicatif. Vous excelliez dans l'exercice et c'est ainsi que vous avez tissé ce vaste réseau de fidèles qui, dans les périodes difficiles, ne vous ont pas manqué. En même temps, le « chef » y puise aussi confiance et énergie. Je me suis vite rendu compte que le carburant de l'homme politique, c'est la reconnaissance, au sens le plus concret du terme (être reconnu tout simplement par les autres), la popularité pour les plus doués. Il y a dans chacun d'entre nous quelque chose de l'acteur qui s'épanouit sur la scène, dans une sorte de symbiose avec les spectateurs. J'y ai moi-même pris goût et, à ma manière, j'ai aimé les foules, les vôtres et, plus modestement, les miennes.

## *Sur le terrain*

J'ai été gâté dans les mois qui suivirent la création du RPR. 100 000 personnes à Pantin le 10 février 1977 ! Il faisait un froid de gueux. J'étais à la tribune pas très loin de Jérôme Monod, emmitouflé dans son manteau. C'était le départ d'une longue marche.

Le 19 janvier, vous annoncez votre candidature à la mairie de Paris. Je n'ai pas activement participé à votre campagne. Mon travail au ministère de la Coopération me prenait beaucoup de temps. La délégation aux études du RPR occupait mes soirées. Et le week-end, je fonçais vers les Landes où j'avais décidé de me présenter aux élections législatives de mars 1978. Le TGV ne les avait pas encore mises à trois heures, ou à peine plus, de Paris ! Vous m'aviez convaincu en effet de sauter le pas, de quitter le confort des ministères et des administrations centrales et de débouler sur le terrain pour « tâter le cul des vaches ». Le plateau des Millevaches, le bien nommé, n'en a pas le monopole. On fait aussi de l'élevage par chez moi.

Votre exemple me montrait que seule l'élection peut conférer la légitimité en politique. Et, déjà par contagion, je me suis dit qu'il fallait aller au charbon comme vous l'aviez fait dix ans auparavant en Corrèze. Dès lors, le choix d'une circonscription ne prêtait pas pour moi à débat : ce serait la 1re de ma terre natale, la Haute Lande et son chef-lieu, ma ville de naissance, d'enfance et d'adolescence, Mont-de-Marsan. J'allais devoir détrôner un député socialiste bien implanté dans une terre socialiste, Roger Duroure. Je me mis donc en campagne, conscient de la difficulté de l'entreprise mais gonflé à bloc d'enthousiasme téméraire. Je n'étais évidemment pas en *terra incognita*. Ma famille, mes amis qui étaient nombreux se mobilisèrent et je me mis à sillonner la circonscription, c'est-à-dire, à l'exception de l'agglomération montoise, la forêt et la côte aquitaine. Combien de centaines de kilomètres n'ai-je pas parcourues sur des routes infiniment rectilignes pour aboutir dans des villages où m'attendaient une poignée d'électeurs dans une salle municipale tristounette ! André Mirtin, maire de la commune de Parentis, ancien député de 1968 à 1973, avait accepté d'être mon suppléant. Nous formions un couple assez mal assorti, lui médecin de campagne et moi jeune énarque revenant au pays. Mais une amitié solide et durable s'est forgée entre nous tout au long de cette campagne. Il me réconfortait : « Alain, bien sûr, tu n'as que cinq personnes à ta réunion, cinq bons Landais, béret vissé sur le crâne. Mais c'est la moitié du corps électoral de la commune ! » Il est vrai que la densité de population dans certaines parties de la circonscription ne dépassait pas un habitant au kilomètre carré.

Je ne vais pas ici raconter par le menu cette campagne qui m'apporta son lot de joies et de déceptions. Mais je n'oublie pas l'aide que vous m'avez apportée dans mes débuts encore hésitants. Deux souvenirs me reviennent : mon premier meeting à Mont-de-Marsan, sous un chapiteau spécialement dressé pour la circonstance. Afin de nous donner les forces nécessaires, j'avais demandé à ma sœur et à mon beau-frère de vous recevoir dans leur maison de Mazerolles, un petit patelin de la banlieue montoise. Ils avaient mis les petits plats dans les grands. La table débordait des meilleurs produits du terroir, foies gras et confits. Votre cortège était naturellement en retard. Il s'agissait de ne pas déraper davantage. C'est pourquoi, à peine les hors-d'œuvre ingurgités, nous entendîmes un martial rappel à l'ordre. Charles Pasqua qui vous accompagnait éleva sa grosse voix : « Jâc-queu ! il faut y aller, on nous attend ! » Le plat de résistance et le dessert restèrent à la cuisine. Mais vous fîtes une entrée triomphale sous le chapiteau où nous attendaient 2 000 personnes, foule considérable pour une réunion politique à Mont-de-Marsan. Je vais vous faire un aveu : je ne me souviens pas très bien de votre discours, tant j'étais concentré sur le mien où je développais mes idées pour dynamiser la Haute Lande et son chef-lieu. Je prônais par exemple la structuration d'une « filière bois » pour mieux tirer parti des richesses de notre massif forestier. Quand j'ai quitté Bordeaux en 2019, nous nous vantions de lancer la première tour d'habitation à ossature bois dans le nouveau quartier Bordeaux Euratlantique. Quarante ans après… En 1977, j'avais l'enthousiasme du néophyte. C'était ma première fois, mon dépucelage oratoire. Je ne m'en suis pas trop mal tiré.

Dans la foulée, je vous ai accompagné dans votre tournée à travers les autres circonscriptions du département des Landes et même du département voisin des Pyrénées-Atlantiques. J'entends encore les voix magnifiques du chœur qui salua votre arrivée dans une salle des fêtes du Pays basque. Extraordinaire campagne que la vôtre pour arracher une victoire improbable de la majorité tout entière lors de ces élections de mars 1978 qui ne se présentaient pas sous les meilleurs auspices. Vous êtes allé soutenir nos candidats dans la quasi-totalité des circonscriptions françaises avec une énergie qui me fascina. Vous avez compté : « 80 départements et 453 villes visités, 416 discours prononcés, 69 réunions publiques organisées[9]. »

Deuxième souvenir : vous êtes revenu dans les Landes au début de 1978, au nord du département, à Biscarrosse. Je suis allé vous accueillir à l'aéroport de Bordeaux et suis monté dans votre voiture pour faire la cinquantaine de kilomètres qui nous séparaient du lieu du meeting. Je me suis aperçu que vous aviez la crève, une grippe carabinée, sans doute de la fièvre. Vous vous êtes emmitouflé dans une couverture et muré dans le silence. Et puis, une fois arrivé à destination, j'assistai à une improbable

9. *Ibid.*, p. 244.

métamorphose : la « bête politique » bondit sur la tribune et adressa à la foule un discours plein de vigueur. Sus au socialo-communisme ! bien sûr. Et apologie du jeune (j'avais 33 ans) et brillant candidat !

Votre soutien répété et mon intense campagne ne suffirent pas à m'assurer la victoire. La circonscription était ancrée dans le socialisme landais, dominant à l'époque. Mon score fut toutefois honorable et je ne perdis pas espoir. Je passe sur le reste de l'aventure : ma candidature l'année suivante, en 1979, à une élection cantonale à Mont-de-Marsan ; ma première expérience de la trahison en politique, surprenante pour moi car elle venait d'un proche qui, oubliant ses promesses, présenta sa candidature en concurrence avec la mienne ; et enfin ma décision de tourner la page de la politique landaise. Sans amertume au total car j'en ai gardé aussi de solides et durables liens d'amitié. Je suis resté d'ailleurs président de la fédération départementale du RPR jusqu'en 1984 !

Pendant ce temps, vous vous étiez lancé dans la bataille de Paris. Plongé dans ma campagne landaise, je n'y ai pas participé directement et n'en parlerai donc pas. J'admirais simplement, vu de loin, l'extraordinaire talent qu'une fois de plus vous saviez déployer sur le terrain, pour prendre les forteresses réputées imprenables.

## *Initiations internationales*

Quand je suis entré en politique, j'avais déjà sillonné le vaste monde : dans les années 1960, khâgneux au lycée

Louis-le-Grand, j'avais eu la révélation de la Grèce où je retrouvais les grands auteurs dont les textes m'avaient donné tant de bonheur… et quelques migraines. Avec l'un de mes meilleurs copains étudiant, nous avons traversé en train l'Europe orientale pour atteindre Moscou sous Khrouchtchev ; la Yougoslavie un peu plus tard (qui n'avait pas encore explosé), jusqu'à la Turquie *via* la Bulgarie ; l'Allemagne vers la Suède et le cercle polaire. Je remercie mes parents de m'avoir ainsi permis d'élargir mes horizons.

Plus tard, en 1974, à l'Inspection des finances, j'eus la chance d'être désigné pour ce que mes camarades ont considéré comme la « mission du siècle » : une enquête sur l'action culturelle de la France à l'étranger qui nous conduisit, mon binôme Michel Bon et moi, en Algérie, en Égypte, en Syrie, au Liban, au Brésil, au Canada, au Vietnam, au Cambodge, en Indonésie. J'en ramenai de merveilleuses images de la beauté du monde, mais aussi la conviction qu'au-delà des inévitables imperfections de toute organisation administrative, l'action culturelle de la France à l'étranger est un extraordinaire instrument d'influence et de rayonnement dont on a tort de rogner sans cesse les moyens.

Mais aucun de ces voyages n'avait eu de dimension politique. C'est le RPR qui m'a permis de commencer à rencontrer des responsables de premier plan. D'abord sous votre houlette de président du mouvement. En janvier 1983, j'ai été de votre déplacement aux États-Unis, à New York et à Washington. J'en garde deux souvenirs personnels qui paraîtront très anecdotiques au regard des enjeux de vos contacts au plus haut niveau, y compris avec le président Reagan. Votre délégation dut se contenter de la rencontre avec le vice-président George Bush père. Je me suis amusé de voir vos deux conseillers diplomatiques Jacques Kosciusko-Morizet et Jean de Lipkowski (et moi-même) jouer des coudes pour être sur la photo. J'apprenais le métier… Et puis je vous revois déambuler à travers les boutiques de l'aéroport JFK d'où vous vous étiez mis en tête de rapporter un cadeau à ma fille Marion, elle avait 10 ans ; vous avez finalement pu trouver une peluche représentant E.T. – l'extraterrestre qui faisait un tabac sur les écrans à l'époque. Voilà une leçon de gentillesse que je n'ai pas assez retenue. Je rapporte rarement des cadeaux à mes proches…

En mars 1985, vous m'avez dépêché au Cameroun pour vous représenter au congrès du Rassemblement démocratique du peuple camerounais (RDPC) qui se tenait dans une ville de province du pays, Bamenda. Je découvrais l'Afrique, ses leaders, en l'espèce Paul Biya qui est resté un ami ; l'authenticité et la fidélité des relations humaines qu'on y crée ; la joie de vivre qui émane de ses femmes et de ses hommes, y compris chez ceux dont les conditions d'existence sont si rudes ; et la sympathique pagaille de l'organisation qui y règne parfois, c'était le cas à Bamenda dans son palais des congrès encore en travaux. Vous m'avez appris à aimer l'Afrique et les Africains, leur histoire, leurs cultures, leur créativité, la richesse humaine de ce continent qui comptera à la fin de ce siècle quatre milliards d'habitants, dont une immense jeunesse. J'y suis souvent retourné, pas assez à mon goût ces derniers temps.

À chaque visite, je mesurais l'extraordinaire popularité qui est la vôtre dans les populations africaines. Pourquoi ? Tout simplement parce que vous répétiez souvent : « J'aime l'Afrique. » Et les Africains sentaient que c'était vrai. En retour ils vous aimaient, ils vous aiment toujours. Cette popularité rejaillissait sur moi qui, pour les Africains, étais et suis encore « l'ami de Jacques Chirac ». Votre nom est un merveilleux sésame. Par boutade, il m'arrivait de dire à mes amis africains, au premier rang desquels ceux qui, nombreux, étudient ou travaillent à Bordeaux : « Si je me présentais à des élections chez vous, je serais élu dans un fauteuil ! »

Plus sérieusement je n'ai cessé d'affirmer, récemment encore tout au long de ma campagne de la « primaire », que la France, l'Europe et l'Afrique ont destins liés. Je me désole parfois de constater que, paralysés par la vieille antienne sur la « Françafrique » qui devrait être désormais de l'histoire ancienne, nos acteurs économiques sont si frileux et hésitent à investir dans le développement des pays africains. Ce serait pourtant notre intérêt mutuel que de mettre en œuvre, au-delà de l'aide, un partenariat d'égal à égal. De nombreuses économies africaines sont sur une belle trajectoire de croissance ; les Chinois, les Turcs, les Américains, les Russes, le Maroc... y sont présents. Le roi du Maroc Mohamed VI a effectué, au cours des deux dernières décennies, 50 visites dans plus de 30 pays africains et les échanges entre son pays et le continent africain ont quadruplé entre 2004 et 2014. Des puissances européennes s'engagent avec plus d'audace que nous. Plusieurs ont pourtant un passé colonial qui semble moins les complexer.

Mon apprentissage des réalités internationales s'est poursuivi au fil de la décennie 1980. En 1986, à la veille des élections législatives, le gouvernement israélien invita un groupe de parlementaires RPR à se rendre sur place pour un voyage d'« études ». J'acceptai l'invitation. Quand vous l'avez appris, vous n'avez pas caché votre inquiétude : quelles pouvaient être les conséquences d'un tel déplacement sur le débat électoral en cours chez nous ? Averti de l'habileté de nos interlocuteurs à susciter les déclarations intempestives, vous redoutiez visiblement nos imprudences. Vous avez convoqué la délégation pour lui adresser un message clair : « C'est Juppé seul qui parlera aux médias. » La visite fut passionnante et les discussions nourries, voire interminables, dès la première nuit passée dans un kibboutz à la frontière nord du pays. J'ai tout de suite aimé, chez nos amis israéliens, le goût du débat et même de la controverse, souvent entre eux d'ailleurs. Je me suis toujours efforcé, tant que j'ai exercé des responsabilités politiques, d'affirmer l'engagement de la France à garantir la sécurité et l'intégrité territoriale d'Israël. Mais j'ai toujours ajouté que les Palestiniens étaient aussi nos amis et que seule une solution qui garantisse leurs droits pouvait être viable durablement. Il n'a pas toujours été facile de tenir cette position d'équilibre et de justice. J'ai admiré le courage d'Yitzhak Rabin. Mon premier contact avec lui avait été un peu rugueux : c'était en juillet 1993 ; en voyage officiel en France, il fit irruption dans mon bureau du Quai d'Orsay en affichant bruyamment sa détermination à ne jamais traiter avec les terroristes de l'OLP. Pendant ce temps-là, sa délégation négociait avec eux ce qui allait devenir en septembre les accords d'Oslo. La conduite des affaires du monde s'accommode mal de la transparence totale et demande une bonne part de secret. Dans *Le Fil de l'épée*, le général de Gaulle n'hésite pas à écrire que « le prestige ne peut aller sans mystère, car on révère peu ce qu'on connaît trop bien ». Connaissance lucide de la nature humaine…

Chaque fois que, plus tard, je me suis rendu en Israël, j'ai veillé à prendre contact avec la partie palestinienne en exigeant par exemple de me rendre à la Maison d'Orient, son siège à Jérusalem. Ce n'était pas du goût des autorités israéliennes, pas plus que ma demande de me rendre à Gaza sous escorte palestinienne. J'ai tenu bon. Vous aussi, notamment quand, en octobre 1996, vous avez recadré, en termes vigoureux, un service d'ordre israélien un peu trop pressant autour de vous : « *You want me to take my plane and to go back to France ?* » La « rue arabe », comme on dit, ne l'a pas oublié.

En 1989, je suis allé apporter le soutien du RPR aux partis démocratiques d'Europe de l'Est, dans les pays qui secouaient enfin le joug soviétique. Par exemple en Hongrie, au mois de décembre, où le Forum démocrate, le parti de József Antall, allait, quelques mois plus tard, gagner les élections. J'ai été invité à prendre la parole lors d'un grand meeting sur la place des Héros de Budapest. J'avais été surpris, en traversant la foule aux côtés de József Antall, de voir si peu de gens lui serrer la main, l'applaudir, venir l'encourager. Quand il monta sur la tribune et que son nom fut annoncé, il fut salué par une immense ovation ; je compris que, faute d'accès à des télévisions officielles qui restaient cadenassées, son visage n'était pas connu du grand public. Le siège de son parti était installé dans un simple local et manquait de tout. Nous leur avions apporté quelques ordinateurs en signe de solidarité.

Et pendant ce temps-là, à Bucarest, le peuple roumain chassait Ceaucescu et sa clique. Moments d'intense espérance. Comme à Berlin où j'étais en novembre, quelques semaines plus tôt, le soir même de la chute du Mur. Comme à Sofia où je conduisis aussi une délégation du RPR venue soutenir les candidats aux premières élections libres ; lors du meeting, au micro, devant la foule heureuse, une poétesse engagée dans le combat politique comparait les gouttes de la pluie qui tombait sur nous à des « perles d'or » déversées sur nos visages par je ne sais quelle divinité bienveillante.

Oui, tous les murs tombaient. La liberté triomphait. Nous savons aujourd'hui que ce n'était pas la fin de l'Histoire.

### *Retour en France*

En 1977, vous aviez donc conquis Paris et c'est en son Hôtel de Ville que je vous ai retrouvé. Je souhaitais quitter le cabinet de Robert Galley qui était resté membre du gouvernement de Raymond Barre et, comme vous me le proposiez, j'ai rejoint, fin 1978, votre équipe à la mairie de Paris.

Depuis la Commune de 1870 et l'avènement de la IIIe République, la ville de Paris, qui inspirait toujours la plus grande méfiance au pouvoir central, était privée de maire et administrée par un préfet. Le président Giscard d'Estaing, dans son ardeur réformatrice, avait voulu rompre avec la mise en tutelle d'une capitale réputée remuante et rétablir le droit commun. La suite de l'histoire ne fut pas tout à fait conforme à ses attentes ; ce n'est pas son candidat, Michel d'Ornano, qui fut élu ; vous êtes devenu le premier maire de Paris de l'époque moderne. Et vous avez donné à cette fonction la dimension qu'elle méritait.

Pendant quelques semaines je fus néanmoins saisi par le doute. Étais-je vraiment décidé à me lancer résolument et durablement en politique ? Certes j'avais assumé mes échecs landais avec bonne humeur et j'étais fasciné par tout ce qui se passait autour de vous, à la ville comme au RPR. Vous étiez en train de créer une dynamique dans laquelle j'étais tenté de me laisser emporter. Mais pourquoi, pour un temps, ne pas regarder ailleurs et revenir à la trajectoire plus confortable d'un inspecteur des finances choisissant, comme beaucoup d'autres, de « pantoufler », c'est-à-dire de se mettre bien au chaud, matériellement parlant, dans le secteur privé ou parapublic ?

L'occasion faillit faire le larron. Mon collègue et ami Michel Bon me fit savoir qu'il allait quitter son poste de chargé de mission auprès du directeur du Crédit national, établissement bancaire de solide réputation qui offrait traditionnellement des débouchés aux jeunes inspecteurs des finances quittant la « tournée ». Je m'en ouvris à vous. Vous avez toujours eu envers celles et ceux qui travaillaient avec vous la même attitude, respectueuse de leur indépendance, même quand leurs choix de carrière n'étaient pas conformes à vos vœux personnels. Vous n'avez donc pas cherché à m'influencer. J'ai posé ma candidature qui fut rapidement acceptée par la hiérarchie du Crédit national et soutenue par l'Inspection des finances. La procédure de recrutement était pratiquement bouclée quand je fus invité – convoqué – à l'Élysée. D'abord reçu par un conseiller technique fort courtois, François Polge de Combret, je fus ensuite introduit dans le bureau d'un très proche collaborateur du président Giscard d'Estaing, Jean Sérisé. L'entretien fut rondement mené. À la question : « Restez-vous chiraquien ? », je répondis sans hésiter par l'affirmative. « Ce poste n'est donc pas pour vous. » Dont acte. Je rentrai à la maison. C'est-à-dire à l'Hôtel de Ville où vous m'avez fait, au sein de votre cabinet, un accueil chaleureux. Le mot est faible.

Je me mis donc au travail au service des Parisiens. Autour de vous œuvrait une équipe de choc : à la tête de votre cabinet le préfet Doublet ; à la direction générale des services le préfet Camille Cabana. Ce fut un bonheur… exigeant… de collaborer avec eux. Chacun avec son tempérament, très direct pour l'un, un peu byzantin pour l'autre, ils mettaient la maison sous tension au service des objectifs que vous fixiez à votre politique municipale. D'emblée vous m'avez confié deux dossiers sensibles. D'abord celui de la constitution d'un grand club de football à Paris par rapprochement du PSG et du PFC. Je n'y connaissais rien. Je découvris un monde de passions, je parle des dirigeants, farouchement attachés à leurs clubs et à leurs présidences. Je mis beaucoup de bonne volonté à les persuader de fusionner mais n'obtins aucun résultat.

Deuxième dossier : la propreté qui était déjà à l'époque l'un des sujets majeurs d'insatisfaction des Parisiens. Là encore je m'investis avec détermination, et grâce aux moyens humains et budgétaires que, sur ma proposition, vous avez décidé de dégager, l'amélioration fut sensible.

Je découvrais en même temps votre garde politique rapprochée à Paris, gaullistes de toujours tel Christian de La Malène, ou centristes ralliés tel Jacques Dominati. L'accueil qu'ils me firent fut, dans l'ensemble, sympathique. J'avais l'onction du chef, ce qui m'ouvrait toutes les portes et bien sûr celles des fidèles entre les fidèles, Jean Tiberi et Roger Romani. Les mauvaises langues les désignaient, eux et quelques autres, comme le « clan corse » de l'Hôtel de Ville. Je peux porter témoignage de leur totale loyauté à votre égard. J'ai appris, au fil du temps, combien il est difficile de faire vivre et travailler ensemble une équipe d'hommes et de femmes politiques dont l'ego est souvent surdimensionné. Il faut tenir compte des sensibilités et des appartenances partisanes, il faut surtout cajoler les jalousies et les susceptibilités. C'était particulièrement vrai dans votre majorité municipale où siégeaient des élus parisiens chevronnés qui n'oubliaient pas (et vous rappelaient parfois…) « qu'ils étaient là avant vous » ; des membres du RPR et de l'UDF, voire du parti radical, soucieux de préserver leurs prés carrés respectifs ; de jeunes ambitieux – comme moi – dont il fallait parfois calmer l'ardeur. Jean et Roger faisaient merveille. Leur capacité d'écoute, leur sens du compromis étaient inépuisables ; j'admirais la bénignité presque vaticane qu'ils mettaient dans leurs relations avec chacun ; j'avais souvent recours à eux pour arrondir « mes angles ».

Ma vie s'organisait selon deux axes : l'activité professionnelle qui prit une nouvelle dimension quand vous m'avez proposé de rejoindre la Direction des finances et des affaires économiques de la Ville (et du département puisque Paris avait ce double statut), d'abord comme adjoint au directeur Paul Reverdy, puis directeur en titre quand ce dernier prit sa retraite. Reverdy m'apprit le métier. La charge était lourde mais passionnante. Mon équipe était de qualité et d'un total dévouement. Je m'entendais bien avec le secrétaire général Camille Cabana. Il n'était pas trop difficile de présenter des budgets en équilibre car les ressources de la ville étaient abondantes, notamment les « droits de mutation à titre onéreux » que les collectivités locales prélèvent sur les transactions immobilières. Le marché de l'immobilier était déjà en tension dans la capitale et les prix montaient. Mais la pression pour dépenser était également forte, d'autant que les élus savaient qu'il y avait de la marge. Vous le premier. Je me piquais de jouer le rôle classique du « budgétaire » qui doit commencer par dire non à toute dépense nouvelle. Vous présidiez les réunions d'arbitrage. Vous n'étiez pas dupe de mon jeu qui consistait à dramatiser la situation des finances de la ville. Vous vous efforciez de ne pas trop me désavouer pour ne pas affaiblir mon autorité ; en même temps, vous vous montriez réceptif aux demandes des « politiques » toujours portés à la dépense, que vous vouliez ménager. Vous aimiez leur faire plaisir, mais sans jamais dépasser la ligne rouge. Et sous votre administration, la ville fut bien gérée.

Je découvrais votre puissance de travail. Toutes les notes que je vous adressais (comme toutes celles que vous receviez par ailleurs) me revenaient avec vos remarques au feutre rouge, approbation, refus ou simple « vu » qui n'était pas, en général, de bon augure. La proposition simplement « vue » avait peu de chances de prospérer. Au retour d'une tournée dans les quartiers de Paris, en province ou à l'étranger, vous regagniez votre bureau à des heures tardives pour prendre connaissance des notes de la journée et les étudier attentivement. J'en ai été souvent témoin.

Le militantisme politique avait pris une place politique dans ma vie. Jusqu'à son départ du secrétariat général du RPR en 1978, Jérôme Monod a fait « bosser » son délégué national aux études. En 1979, le conseil national du parti m'élut en son sein. Cependant, je continuais à vous prêter ma plume. Je sentais bien que votre objectif était désormais bien désigné : la prochaine présidentielle.

Mais avant, il fallait franchir un obstacle : le rendez-vous européen de 1979, première élection au suffrage universel direct du Parlement européen.

# II

# CONQUÊTES

*L'appel de Cochin*

Le 6 décembre 1978, de l'hôpital Cochin, où vous vous remettez lentement du grave accident de voiture dont vous avez été victime quelques jours auparavant en Corrèze, vous rendez public un « appel » à la tonalité très anti-européenne, au verbe agressif dont beaucoup d'observateurs dénoncèrent « la violence inouïe ». Voici ce que, spontanément, avant de vous lire, j'en ai écrit : « Je n'ai jamais parlé avec vous, "entre quatre z'yeux", de l'appel de Cochin. J'ai pourtant souvent ferraillé pour défendre votre image auprès de mes amis européens militants, qui vous le reprochaient amèrement. Tâche difficile tant le texte de cet appel était violent. On a retenu la dénonciation du "parti de l'étranger" dans lequel on ne pouvait pas ne pas reconnaître l'UDF de Giscard. Vous parliez aussi de l'abaissement de la France, de son inféodation… Cela mit évidemment en porte à faux les onze ministres gaullistes qui continuaient à appartenir au gouvernement de Raymond Barre. À ma place, je ne me sentais pas très à l'aise. Pour simplifier, en matière européenne, au sein du parti gaulliste, j'étais plutôt tendance Chaban que tendance Debré. Je voyais dans la volonté du général de Gaulle de respecter, en 1958, les engagements pris par la France lors de la signature du traité de Rome une sorte de profession de foi européenne. Malgré les réticences du patronat qui demandait du temps pour mieux préparer nos entreprises au choc de la concurrence, le Général choisit d'aller de l'avant en appliquant un ambitieux programme de remise en ordre de nos finances et de modernisation de notre économie. Comme vous l'avez écrit, "sans la volonté du général de Gaulle, ce traité [de Rome] serait sans doute resté lettre morte comme tant d'autres[1]". Plus tard, en 1961, l'Europe du Plan Fouchet me paraissait une percée audacieuse. Son échec m'attrista.

J'étais résolument convaincu – et je le reste – que la construction d'une Europe forte serait à l'avenir la meilleure chance de préserver nos intérêts, et même notre souveraineté. J'étais choqué par le procès que "votre" appel intentait à des responsables politiques français dont on ne pouvait pas mettre en cause l'attachement sincère à la France au motif qu'ils croyaient aussi en la solidarité européenne. Les mots "parti de l'étranger" m'apparaissaient injustes et blessants. Et je cherchais à comprendre pourquoi vous les aviez employés.

Il y avait d'abord le contexte, à commencer par votre situation personnelle. Le 26 novembre 1978, votre voiture dérapait sur une route verglacée de Corrèze, près de la commune de Saint-Angel. L'accident avait été grave.

1. *Ibid.*, p. 142.

Votre vie avait été mise en danger. Votre hospitalisation à l'hôpital Cochin fut suivie d'une rééducation longue et pénible. Quand j'allai vous rendre visite, je fus frappé par la souffrance qui émanait de votre visage. Quelques jours plus tard, le 6 décembre, vous signiez l'appel qui porte le nom de l'hôpital où vous étiez sur votre lit de douleur. »

Prudent, je me bornais à suggérer dans cette dernière phrase que, peut-être, vous n'étiez pas en pleine possession de vos moyens. Et voici ce que vous écrivez vous-même dans vos *Mémoires* : « Le 26 novembre [1978], je suis victime d'un grave accident de voiture, en Corrèze, qui me contraint à suspendre mes activités durant plusieurs semaines. Transporté d'urgence à l'hôpital Cochin, pour y être opéré d'une jambe, souffrant beaucoup, je suis trop affaibli pour prêter visiblement attention, dans les jours qui suivent, à ce qui se dit et se passe autour de moi. [...] C'est en toute confiance et de guerre lasse, il faut bien le dire, que je donne mon accord à Marie-France Garaud et Pierre Juillet pour que soit lancé cet "appel" revu et corrigé par leurs soins, sans que j'aie même eu la capacité de le relire. [...] Même si son contenu reflète, pour l'essentiel, mes convictions, le style comporte des outrances, des formules abusives qu'en d'autres circonstances je n'aurais sans doute pas accepté de reprendre à mon compte[2]. »

Je ne m'étais donc pas trompé en laissant entendre, dans le texte que j'avais spontanément rédigé, que « l'appel de Cochin » n'était pas du Chirac authentique. Vous l'expliquez sans fard. Je n'ai cessé de le rappeler à tous ceux

2. *Ibid.*, p. 251.

qui continuent à distiller, à votre encontre, le reproche d'inconstance.

Le contexte politique comptait aussi. Il était clair que vous étiez déjà engagé dans la bataille de l'élection présidentielle de 1981 et que vous la mèneriez bien sûr contre la coalition socialo-communiste et son programme commun mais tout autant contre le Président sortant avec lequel vous veniez de rompre si spectaculairement. J'étais prêt à vous suivre sur ce chemin, comme l'immense majorité de nos militants.

Porté par ce vent de conquête, vous avez constitué la liste DIFE qui affichait le beau nom de « Défense des intérêts de la France en Europe ». Vous en avez pris la tête et Michel Debré occupait la deuxième place. Votre campagne resta dans la tonalité, sinon dans les termes, de l'appel de Cochin, et n'eut pas sur l'opinion l'impact attendu : le 10 juin 1979, la liste DIFE arriva en quatrième position avec 16,31 % des suffrages exprimés, loin derrière la liste UDF de Simone Veil (27,61 %), celle du PS conduite par François Mitterrand (23,53 %) et même celle de Georges Marchais (PCF à 20,52 %).

Cet échec ne fut pas sans conséquence sur l'élection présidentielle de 1981. Il vous colla l'image d'un responsable politique très peu « européen », ce qui me chagrinait. Je pense qu'en outre et au total, quand on embrasse tout votre parcours, cette réputation est injuste.

Au lendemain du 10 juin, vous décidez de « reprendre [votre] totale indépendance vis-à-vis de [vos] conseillers présumés les plus influents et dont la responsabilité directe, dans l'origine de ce fiasco, ne fait aucun doute[3] ». Vous ajoutez : « Le départ de Pierre Juillet et de Marie-France Garaud n'est pas seulement lié aux résultats des élections européennes. Il est avant tout la conséquence d'une volonté de domination excessive qui s'est exercée, non seulement sur moi, mais aussi sur la direction du mouvement tout entière [...]. Y mettre un terme était de mon devoir. »

On vous a souvent accusé d'être trop longtemps resté sous influence. Il y a un peu de vrai dans ce reproche. Vous l'admettez vous-même s'agissant du couple Juillet-Garaud. Mais une fois cette page tournée, Édouard Balladur entra en lice. Comme vous, il avait appartenu à l'équipe Pompidou. Est-ce la raison pour laquelle vous lui avez fait une confiance absolue et l'avez laissé jouer un rôle majeur pendant plus de dix ans ? J'étais sidéré par la façon dont, à tout propos, vous appeliez « Édouard » au téléphone pour recueillir son avis sur tel ou tel événement, telle ou telle réaction, telle ou telle décision. Il était évidemment de toutes vos réunions d'état-major, encore qu'il préférât les tête-à-tête, plus propices à l'exercice de son influence. Cela dit, je le trouvais, la plupart du temps, de bon conseil. L'homme est d'une grande intelligence, cultivé, tout en finesse, parfois trop porté au compromis, mais il savait ainsi tempérer vos impatiences. J'ai moi-même pris plaisir à travailler avec lui et, en plusieurs circonstances, son soutien m'a été utile, comme lors du « coup » Pasqua-Séguin de 1989. En 1986-1988, lorsque

3. *Ibid.*, p. 253.

j'ai été son ministre délégué en charge du budget, notre cohabitation a été, dans ses débuts, quelque peu tendue. Pour des raisons parfois ancillaires ! Je le voyais, avec surprise, prendre un goût excessif au pouvoir et à ses apparences. Signe avant-coureur d'une future trahison ? Nous avons malgré tout bien travaillé ensemble, sous votre houlette, à la remise en ordre du budget de l'État et à l'oxygénation de l'économie française.

Peut-on vous reprocher d'avoir eu ainsi auprès de vous des conseillers puissants ? Je n'en suis pas sûr. Parce que vous saviez vous entourer d'hommes et de femmes d'origines, de formations, de tempéraments très divers, parfois même opposés. Vous aimiez bien avoir plusieurs fers au feu. En conciliant des points de vue différents, c'était pour vous la garantie de conserver une grande part de libre arbitre. Et vous attachiez le plus grand prix à l'expérience, qui souvent nourrit la sagesse, celle d'un Maurice Ulrich par exemple dont j'admirais la perspicacité peu bavarde. Parmi de multiples compétences, il connaissait bien la Corse et chaque fois que je vous soumettais une idée ou un projet pour l'île, je savais que, parfois sans me le dire, vous la testiez auprès de lui. Loin de m'en formaliser, j'y voyais une sécurité. Je savais que pour vous, dans les différentes fonctions que vous lui avez confiées, il était « mieux encore qu'un conseiller, un ami et un confident, le sage inamovible, discret qui donne clairement son point de vue sans jamais chercher à l'imposer[4] ».

4. Jacques Chirac, *Mémoires*, t. 2, *Le Temps présidentiel*, Paris, Nil Éditions, 2011, p. 38.

Au total vous ne pratiquiez pas l'exercice solitaire du pouvoir, et je pense que c'était plus une force qu'une faiblesse. Vous constatiez lucidement : « Mieux vaut s'entourer d'avis multiples que de favoriser l'emprise d'un seul au détriment de tous les autres. » Œuvre du temps qui passe, leçon de l'expérience assurément que vous tiriez là encore très franchement : « Depuis mon échec de 1988, [j'ai acquis] une plus grande liberté d'action et de réflexion[5]. »

## *Européen de raison*

Une fois éloignés Pierre Juillet et Marie-France Garaud, votre ligne européenne est à mes yeux restée droite. Les européens les plus fervents sont bien obligés d'en convenir et consentent à vous qualifier d'européen « de raison » plus que « de cœur ». C'est d'ailleurs en ces termes que vous qualifiez vous-même votre engagement européen en le replaçant dans la filiation gaulliste. Nous n'étions certes pas fédéralistes. « Fallait-il laisser l'Europe s'accomplir à n'importe quelles conditions, au nom d'un idéalisme qui n'eût pas de freins ? Ou considérer tout au contraire que le meilleur service à lui rendre était de faire en sorte qu'elle s'élabore [...] avec lucidité, prudence et réalisme ? » À la question que vous posez franchement, vous répondez tout aussi clairement : pour vous, pour nous, « l'Europe est une

5. Jacques Chirac, *Mémoires*, t. 1, *Chaque pas doit être un but*, *op. cit.*, p. 411.

nécessité sans être un dogme, une conquête exigeante et non une solution magique à tous les problèmes »[6].

C'est à ce pragmatisme que vous vous êtes toujours tenu. Quand vous affirmez que « la vérité est que j'ai été dès l'origine un européen, non de passion, mais de raison, préoccupé, dès que j'en ai eu la charge, de défendre les intérêts français à l'intérieur de l'Union tout en m'évertuant à faire progresser celle-ci vers un fonctionnement plus responsable et cohérent[7] », je vous crois et j'ai, pour asseoir ma conviction, de solides arguments.

D'abord les positions courageuses que vous avez prises à plusieurs reprises, malgré les réticences de notre parti.

En novembre 1986 déjà, lors de la ratification de l'Acte unique qui ouvrait la voie à la libre circulation des marchandises, des services, des capitaux et des personnes au sein du marché unique. Lucidement vous annonciez : « La frange gaulliste (Michel Debré en l'espèce) la plus traditionnelle y est hostile, mais, après mûre réflexion, j'ai décidé d'apporter tout mon appui à cette étape décisive de la construction européenne[8] ».

En 1992, plus encore, quand François Mitterrand a demandé au peuple français de ratifier par le référendum du 20 septembre le traité de Maastricht qui prévoyait notamment la création de la monnaie unique européenne. Deux des leaders du RPR, Charles Pasqua et Philippe Séguin, faisaient ardemment campagne pour le non et leur

6. *Ibid.*, p. 141.
7. *Ibid.*, p. 146.
8. *Ibid.*, p. 360.

influence était forte sur nos militants. Sans hésiter, avec le soutien d'Édouard Balladur et le mien (j'étais secrétaire général du parti), vous avez appelé à voter oui. Le résultat a été très serré : 51 % (51,04) pour le oui, 49 % (48,96) pour le non, avec une participation de plus de 60 %. Je suis convaincu que votre prise de position a été déterminante.

Dans les années qui ont suivi, vous avez tout fait pour que la France tienne ses engagements et soit exacte au rendez-vous de l'euro, j'en reparlerai à propos de l'action de mon gouvernement entre 1995 et 1997. Et encore au moment de basculer dans la cohabitation, quand vous tenez un langage clair à votre nouveau Premier ministre, Lionel Jospin : « J'insiste sur l'une des conditions primordiales de notre future entente : le respect de nos engagements européens pour aboutir à la création de la monnaie unique. » Ce sera le cas. J'affirme que, sans vous, l'euro, qui est l'une des grandes réussites de la construction européenne et qui nous protège des turbulences des marchés des changes, n'existerait pas.

Deuxième argument : la qualité de vos relations avec les chanceliers allemands, notamment avec Helmut Kohl. François Mitterrand avait réussi à établir avec lui un lien de grande proximité dont leur fameuse photo, main dans la main devant l'ossuaire de Douaumont, le 22 septembre 1984, est le symbole historique. Vous avez su vous mettre dans leur sillage. Vous m'aviez confié, lors du référendum sur le traité de Maastricht, l'une de vos motivations : « Comment pourrais-je demain travailler en confiance avec Kohl si j'appelais à voter non ? » Je vous accompagnais dans les sommets franco-allemands et j'étais témoin de l'empathie qui régnait entre vous. « Le courant passe bien entre Helmut Kohl et moi », constatiez-vous dès les premiers temps. Sur les grands dossiers que vous traitiez toujours dans un esprit positif mais… aussi à table. Lors d'un dîner à Munich, alors que je m'efforçais d'ingurgiter des pommes de terre très « étouffe-chrétien », *kartoffeln* façon bavaroise, j'eus la surprise de vous entendre déclarer : « La gastronomie allemande est vraiment l'une des meilleures du monde. » Vous étiez prêt à toutes les amabilités ! À charge de revanche : vous racontez vos agapes avec le chancelier *Chez Yvonne*, votre winstub favori à Strasbourg, en détaillant le menu : « escargots, presskopf, cervelas, tête de veau, tarte aux quetsches… le tout arrosé de bière, de vin blanc et de pinot noir[9] ». Kohl, qui était une excellente fourchette, y fit honneur. Souvent, entre les grands de ce monde, les affaires se règlent à table.

Vos relations avec Gerhard Schröder ont été également étroites, bien qu'orageuses dans les débuts – on oublie souvent que la convergence des intérêts et des idées entre nos deux pays ne va jamais de soi. Vous allez jusqu'à constater que « l'accession au pouvoir de Gerhard Schröder, au début de l'automne 1998, a représenté un réel défi pour l'entente scellée depuis plus de quarante ans avec notre pays ». Et vous rappelez que « le sommet [européen] de Nice en décembre 2000 donnera lieu à un affrontement inhabituel entre nos deux délégations »[10]. Mais avec l'aide

9. Jacques Chirac, *Mémoires*, t. 2, *Le Temps présidentiel*, *op. cit.*, p. 300.

10. *Ibid.*, p. 310.

d'Hubert Védrine, qui dirigeait alors le Quai d'Orsay, vous parviendrez « à mieux vous connaître, à rapprocher [vos] points de vue et à nouer avec le temps une amitié personnelle forte et durable[11] ». Ce qui vous a permis d'opposer un front commun de la France et de l'Allemagne contre la guerre d'Irak voulue par George W. Bush. La diplomatie allemande n'était pas coutumière de cette audace vis-à-vis de l'allié américain. Ensemble, vous avez tenu bon.

Mon troisième argument tient aux efforts que vous avez constamment déployés pour embarquer nos partenaires britanniques dans l'aventure européenne. Après des débuts plutôt rugueux, vous vous êtes vanté d'avoir vécu une « lune de miel » avec Margaret Thatcher. Je n'en ai pas été le témoin direct. Vous vous entendiez bien avec John Major, Premier ministre de Sa Majesté. Vous aviez choisi Bordeaux pour tenir, en novembre 1996, un sommet franco-britannique dans la ville dont j'étais devenu maire. C'était au lendemain de l'attentat contre l'Hôtel de Ville, le 5 octobre 1996. J'en garde bien sûr le souvenir douloureux. On avait frôlé la catastrophe car les salons étaient encore noirs de monde une heure avant l'explosion. Les coupables ne furent jamais identifiés. Nous avons été obligés de siéger sous une bâche de fortune installée dans le grand salon, dévasté par la bombe. Le 6 au soir, comme le voulait la tradition, nous avions dîné, John Major, vous et moi à *La Tupina*, l'un des restaurants les plus chaleureux de la ville. J'avais demandé au maître des lieux, mon ami Jean-Pierre Xiradakis, de nous sortir une

11. *Ibid.*, p. 312.

bonne bouteille de bordeaux. À peine assis, vous avez interpellé le Premier ministre britannique : « *John, would you like a beer ?* » Il s'empressa d'accepter. L'anecdote fit le tour de la ville. Le lendemain, lors du déjeuner officiel, je tins bon : du bordeaux et rien d'autre.

C'est avec Tony Blair qu'en 1998, à Saint-Malo, vous avez signé une déclaration commune qui appelait à l'établissement de moyens militaires autonomes et crédibles pour l'Union européenne. C'était un tournant majeur dans la diplomatie britannique qui, certes, restait fidèle à son attachement à l'Otan mais acceptait que, dans le respect des engagements du traité de Washington instituant l'Alliance atlantique et « sans duplication inutile », « l'Union [ait] une capacité autonome d'action, appuyée sur des forces militaires crédibles, avec les moyens de les utiliser et en étant prête à le faire afin de répondre aux crises internationales ». D'aucuns, dont moi, virent dans cette déclaration le point de départ de la politique européenne de sécurité et de défense. La suite fut décevante et encore aujourd'hui cette politique, malgré quelques progrès, tient plus du rêve que de la réalité. Mais vous aviez fait la percée initiale.

Et puis, il y a eu le référendum de 2005 sur la Constitution européenne. On vous a beaucoup reproché son échec. Ce reproche me paraît profondément injuste. Sur un acte d'une importance aussi fondatrice, vous aviez raison de vouloir donner la parole au peuple français. Certes le texte de la Constitution élaborée sous l'égide de Valéry Giscard d'Estaing était complexe, difficilement « vendable » à l'électeur de base, malgré les efforts de pédagogie que ses partisans déployèrent. Mais c'était un beau texte, ambitieux, novateur. Il inscrivait dans le marbre constitutionnel la Charte des droits fondamentaux de l'Union européenne dont les six grands chapitres affichaient fièrement nos valeurs communes : dignité, liberté, égalité, solidarité, citoyenneté, justice. La Charte a heureusement acquis valeur contraignante par le traité de Lisbonne signé en décembre 2007. Mon grand regret est d'avoir été, en 2005, hors jeu, éloigné du débat politique et dans l'impossibilité de participer à la campagne pour le oui. Les premiers sondages étaient favorables. Mais comme souvent, le référendum se transforma ou fut transformé par de nombreux responsables politiques en une question de confiance pour ou contre la politique gouvernementale. On connaît le résultat.

Quoi qu'il en soit, je suis fier d'avoir conduit, sous votre présidence, l'action d'un gouvernement qui a tout fait, y compris le « job » le plus impopulaire, pour que la France respecte en temps utile les critères de déficit budgétaire, d'endettement, d'inflation et de taux d'intérêt, dits « critères de Maastricht », et soit exacte au rendez-vous de la création de la monnaie unique au 1er janvier 1999. Les européens « de raison » ont souvent fait plus pour la construction de l'Union que les européens « de passion »…

### *Le combat contre la coalition socialo-communiste*

L'échec aux élections européennes de 1979 une fois digéré, toutes les énergies, la vôtre, celle de vos équipes, celle du RPR étaient désormais tendues vers l'échéance de la prochaine élection présidentielle fixée fin avril, début mai 1981. Pensiez-vous vraiment pouvoir la gagner ? Ou s'agissait-il pour vous de prendre date et de préparer la suivante ? Je ne lisais pas dans vos pensées et vos arrière-pensées.

Mon propos n'est pas ici de décrire le déroulement de cette campagne qui a laissé à beaucoup un goût amer. Je ne me posais guère de questions. Votre candidature, pour moi, allait de soi. Je faisais consciencieusement mon boulot à la Direction des finances de la Ville. Et je militais fidèlement au RPR. Vous aviez installé votre PC de candidat rue de Presbourg, dans le VIII^e arrondissement de la capitale. Vous aviez confié à un très honorable préfet à la retraite la direction de votre équipe de campagne. Enfin… officiellement. En réalité, Pasqua était à la manœuvre quotidienne. J'étais chargé de préparer vos réponses aux innombrables courriers et questionnaires qui vous étaient adressés par de simples citoyens ou de péremptoires associations qui exigeaient de vous les promesses les plus contradictoires : plus de services publics et moins d'impôts, cela va de soi ! Je m'acquittais de bon cœur de cette tâche fastidieuse tout en continuant de tremper ma plume dans l'encrier pour contribuer à vos discours.

Je pris du galon de manière tout à fait inattendue.

Je retrouve, dans les archives de l'INA, l'enregistrement des émissions de la campagne officielle à la télévision. On vous répétait sans cesse que vous n'étiez pas bon sur les écrans, que vous paraissiez coincé, artificiel. Il y avait un peu de vrai. Vous en convenez vous-même : « Je n'ai jamais été très à mon aise, comme on sait, à la télévision.

Est-ce chez moi une forme de timidité ou de stress que je ne parviens pas à dominer ? Toujours est-il que je n'ai jamais réussi à être tout à fait naturel ni vraiment sympathique dans ce genre d'exercice[12]. » J'aime vous entendre parler de votre « timidité » ; difficile d'y croire quand on considère votre parcours ; et pourtant… ce pourrait être un point commun entre nous.

En tout cas, on avait fini par vous stresser, ce qui aggravait évidemment vos défauts. D'où l'idée, pour vous mettre à l'aise dans les émissions officielles, de vous faire interroger par une personne en qui vous aviez confiance.

Sans doute pas un journaliste. On redoutait autour de vous les chausse-trappes. Quelqu'un (mais qui ?) eut l'idée saugrenue de me désigner. Pasqua peut-être ? Il n'est plus là pour nous le dire. Question confiance, l'objectif était bien sûr atteint. Vous n'aviez rien à craindre de mon impertinence. Question naturel, c'était une autre paire de manches ! Je regarde sur mon téléphone mobile l'émission datée de deux jours avant le premier tour. Nous avons tous les deux une bonne tête. Mon crâne n'est pas encore totalement dégarni. Je donne sans doute l'impression d'être aussi coincé que vous. J'essaie de ne pas trop vous servir la soupe, mais visiblement les questions-réponses ont été travaillées. Je vous interroge sur votre programme. « Qu'entendez-vous par le mot "solidarité" ? » Vous faites défiler : personnes âgées, handicapés, jeunes, formation, logement, santé, etc. Vous donnez des exemples concrets,

12. Jacques Chirac, *Mémoires*, t. 1, *Chaque pas doit être un but*, *op. cit.*, p. 382.

tirés de votre expérience parisienne ou corrézienne. Je vous relance, sans vous interrompre. Et puis j'en viens à « la politique ». L'objectif de l'émission, pour vous et vos conseillers, semblait clair : crédibiliser votre présence au second tour, pour déjouer l'argument de certains giscardiens qui présentaient comme acquise votre élimination dès le premier tour, puis un face-à-face Giscard-Mitterrand au tour décisif. Vous invoquiez le précédent Pompidou-Poher, deux candidats de droite, présents au deuxième tour, sans trop y croire. Le plus difficile pour vous, c'était visiblement de vous démarquer de Giscard sans l'attaquer bille en tête. Équilibre subtil. Vous prôniez « le renouveau dans la sécurité ». Réminiscence du « changement dans la continuité », slogan pompidolien de 1969 ?

Quel fut l'impact de ces émissions ? Faible pour vous et votre score à l'évidence. Pour moi, ce fut le début d'une petite notoriété qui fit la fierté de mes parents.

L'agitation fut grande au PC de campagne après la déception du premier tour. Giscard virait en tête (28,3 %) devant Mitterrand (25,9 %). Vous étiez loin derrière (18 %), talonné par Marchais (15,4 %). Il est vrai que Debré et Garaud qui totalisaient 3 points vous avaient sans doute pris des voix. On affirme que votre équipe diffusa des messages appelant à voter Mitterrand au deuxième tour. Vous n'avez jamais évoqué cette consigne devant moi. Je ne l'aurais d'ailleurs pas suivie. J'ai voté VGE sans état d'âme. J'accorde foi volontiers à ce que vous écrivez sur votre état d'esprit : « Je ne souhaite pas la victoire de François Mitterrand et le fais savoir on ne peut plus clairement dans un texte que je publie, le 6 mai 1981, appelant à faire barrage au candidat socialiste. » Étiez-vous pleinement sincère ? Certes, vous affirmez qu'en politique, « on ne construit pas une victoire sur la défaite de son propre camp ». Mais en même temps, vous ne pouvez dissimuler la rancœur que vous ressentez au fond de vous-même contre Giscard : « Cette défaite, qui est aussi la mienne, comment ne pas en imputer la responsabilité à celui qui s'est employé, d'un bout à l'autre de son septennat, à diviser sa majorité au lieu de la rassembler, et à gouverner sans tenir le moindre compte de l'opinion de ses alliés ? » Torts partagés, concluez-vous… Je salue cet éclair de lucidité. Pour ma part, excepté l'épisode du Crédit national, je n'ai pas eu vos raisons d'en vouloir à Giscard et aux giscardiens et je n'ai eu de cesse que de travailler à la recomposition de la famille de la droite et du centre, condition *sine qua non*, à mes yeux, de toute victoire électorale pour nos idées.

Une fois Mitterrand installé à l'Élysée, il fallait sauver les meubles lors des élections législatives programmées pour le 14 et le 21 juin. Curieusement, parmi nous, la tendance n'était pas à l'abattement mais à la combativité. Vous m'avez fait venir dans votre bureau, je crois me souvenir que c'était à la mairie, et vous m'avez dit : « Alain, merci pour l'aide que vous m'avez apportée dans ma campagne ; maintenant il faut vous faire élire au Parlement pour continuer le combat. On va vous trouver une circonscription sûre, à Paris naturellement. » Dans la foulée, je fus désigné pour le XVIIe arrondissement et je préparai mon paquetage… dans l'allégresse. Las ! Elle fut de courte durée. Quelques jours plus tard, nouvelle conversation dans votre bureau : « Alain, j'ai un service à vous demander. Le secrétaire général du RPR [Bernard Pons] ne doit pas être battu. J'ai besoin de lui pour tenir le parti. Il lui faut une circonscription "sûre". Accepteriez-vous de lui laisser la place dans le XVII$^{e}$ ? Il va de soi qu'on va vous trouver une autre circo en or massif. »

Nouvelle preuve de mon inexpérience et de ma naïveté que le temps passé avec vous depuis 1976 n'avait pas (encore) corrigées, je n'ai pas hésité un instant et j'ai consenti à votre « proposition ». J'ai attendu pendant plusieurs jours l'alternative promise. On m'a baladé dans divers coins de France, de la Bretagne au Centre, en divers territoires où mon parachutage n'avait aucune légitimité. La date du scrutin approchait. De guerre lasse, j'ai jeté l'éponge et suis rentré dans mon bureau du boulevard Morland, siège de la Direction des finances de la Ville. Mais j'avais retenu la leçon qui me servirait lors de la préparation des élections municipales qui se profilaient déjà à l'horizon.

## *Le Club 89*

Je n'abandonnai pas pour autant le combat politique. Mais je choisis de le mener sur le terrain des idées. Avec quelques amis, nous avons créé un club de réflexion pour contribuer à alimenter de futurs programmes électoraux. Les cadres du parti qui redoutaient la concurrence et le désordre étaient réticents. Jacques Chirac nous donna son feu vert. Il fallait un nom. Ce fut le Club 89. Club pour bien marquer que nous ne fondions pas un parti. Et 89 pour nous fixer un horizon de reconquête du pouvoir au lendemain de la prochaine échéance présidentielle. André Passeron, journaliste au *Monde*, bon connaisseur de la « chiraquie », donna du Club une définition judicieuse : « le centre technique de préparation de l'alternance politique ». Michel Aurillac, fidèle chiraquien, en prit la présidence et j'en devins le secrétaire général. Ce fut une belle aventure. Dans les premiers temps, avant de déménager avenue Montaigne, nous réunissions nos amis dans un appartement qu'un élu du VII$^{e}$ arrondissement, Jean-Philippe Hubin, mettait à notre disposition. Nous passions de longues soirées à gamberger, entre hauts fonctionnaires, universitaires, chefs d'entreprise, avocats, élus nationaux ou locaux… que la mise en œuvre du « programme commun socialo-communiste » poussait à la résistance. Le succès dépassa nos espérances ; les bonnes volontés affluèrent ; et surtout nous dûmes répondre à une demande forte d'essaimage en province au risque de changer la nature de l'entreprise. Les difficultés ne manquèrent pas de surgir : la création de nos clubs locaux fut parfois mal accueillie par les responsables départementaux du RPR qui ne comprenaient pas toujours l'articulation entre le parti et le Club 89. D'autant que les clubs recrutaient souvent des dissidents du parti, écartés de telle ou telle investiture. Avec l'aide de Bernard Pons, secrétaire général du mouvement, je m'employais à régler les conflits, à apaiser les relations, à créer des passerelles.

J'attachais une importance prioritaire à la « production » du Club, c'est-à-dire à la publication de ses analyses critiques et de ses propositions constructives. J'assurai la présidence de la commission économique et je mis un coup de collier pour que sorte en 1983 notre premier livre, intitulé *La Double Rupture*. Les sous-titres annonçaient la couleur : « redressement de l'économie, responsabilité pour chaque Français, liberté pour l'entreprise, confiance pour la France ». J'en ai retrouvé un exemplaire en « désherbant » ma bibliothèque lors d'un déménagement récent. Je l'ai feuilleté avec émotion : c'était aussi mon premier livre. Compte tenu de son mode d'élaboration – c'était la synthèse des travaux de plusieurs groupes –, je n'étais pas très sûr de sa puissance de feu politique, ni de la qualité de son style. Jacques Chirac a accepté d'en rédiger la préface. Élogieuse bien sûr, et prudente à la fois, je le cite : « Sans entrer ici dans la discussion des propositions que contient cet ouvrage et qui vont souvent à l'essentiel au risque de sembler sans nuance… » Nous étions, c'est vrai, un peu va-t'en guerre. Pour nous, il fallait rompre à la fois avec les politiques « contradictoires mais également dangereuses » du « gouvernement socialo-communiste », mais aussi avec l'évolution des années 1970 « qui nous [avait] menés à une forme de socialisation à peine déguisée de l'économie et de la société française ». Notre diagnostic n'était pas fait pour déplaire à Jacques Chirac. Il était même fait pour le servir. Le Club 89 était évidemment chiraquien ! À la « double rupture », nous ajoutions le constat d'une double aspiration des Français : « recherche de plus de liberté et d'autonomie personnelle d'un côté, besoin de plus de justice dans la responsabilité et l'action communautaire de l'autre ».

Quand je relis le sommaire de notre livre, je suis moins sévère sur la pertinence de ses propositions que je ne l'étais à l'époque, inquiet sur l'impact intellectuel et politique qu'il pourrait avoir. Certes nous n'avons pas fait un tabac et l'éditeur n'a pas fait fortune. Mais nous dessinions une sorte de social-libéralisme qui a pu inspirer nos gouvernements ultérieurs : « remettre de l'ordre dans les finances publiques, réconcilier protection sociale et liberté individuelle, libérer l'entreprise, libérer l'homme au travail », autant de têtes de chapitre qui gardent leur pertinence. Et je savoure avec plaisir quelques lignes de ma conclusion : « La France est comme un voyageur hésitant que la fatigue incite à s'asseoir au bord du chemin et à déposer son fardeau. Elle doit aujourd'hui se ressaisir. Elle doit se remettre debout et reprendre sa marche en avant. Elle en a les moyens. Il lui en faut la volonté. »

J'ai un tic détestable : j'aime bien conclure les controverses par un « *nihil novi sub sole* » péremptoire, ce qui est à la fois profondément vrai et totalement faux…

## *L'onction du suffrage universel*

En 1982, je retournai au service de l'Inspection générale des finances. Votre premier mandat municipal de six ans allait s'achever l'année suivante. Pour être moi-même candidat, je devais démissionner de mes fonctions de directeur des finances et des affaires économiques de la collectivité et regagner mon corps d'origine. Je l'avais quitté après « la tournée » en 1976 pour rejoindre votre cabinet à Matignon. Je retrouvais non sans plaisir les lieux que j'avais hantés pendant quatre ans, et plusieurs de mes camarades. Le chef du service me confia tout de suite une mission d'enquête sur le financement des petites et moyennes entreprises. Il me mit en binôme avec un jeune camarade qui allait faire son chemin : Henri de Castries, pétillant d'intelligence et d'ambition. Nous avons gardé des liens d'amitié que son engagement pour François Fillon lors de la « primaire » de la droite et du centre, vingt-cinq ans plus tard, n'a pas altérés. Notre rapport, qui proposait une réforme ambitieuse, ne fut pas complètement enterré dans quelque tiroir du ministère ; mais il fallut attendre 1995 pour que mon gouvernement crée, dans le cadre du « plan PME pour la France » élaboré par Jean-Pierre Raffarin, ministre en charge du secteur, la « Banque de développement des PME », BDPME, devenue plus tard Oséo, puis Bpifrance. Lents balbutiements de l'histoire économico-politique…

Je ne perdais cependant pas de vue ma candidature aux élections municipales de 1983. Votre objectif était clair : réaliser un grand « chelem » en conquérant les vingt arrondissements de la capitale. J'avais en tête ma déconvenue de 1981. J'étudiai la carte électorale et je me dis que je devais prendre le risque de m'attaquer à un arrondissement détenu par la gauche. J'éviterais ainsi toute compétition avec tel ou tel cacique de votre majorité sortante. Je jetai mon dévolu sur le XVIII^e arrondissement, le deuxième plus peuplé de Paris, où régnait une majorité socialo-communiste emmenée, dans l'ordre, par Lionel Jospin, Claude Estier, Bertrand Delanoë et Daniel Vaillant. Tous poids lourds du PS, solidement installés dans le quartier. Après vous en avoir parlé et avoir reçu vos encouragements, je commençai donc à m'organiser. Je reçus, quelques jours après, la visite de Roger Romani, votre adjoint que vous chargiez souvent de missions politiques délicates. Il commença par me rappeler, d'un ton embarrassé, que le XVIII^e arrondissement était le fief de Roger Chinaud, ancien député de la circonscription des Grandes Carrières et qu'au nom de la bonne alliance RPR-UDF, il allait bien falloir laisser quelques têtes de liste à nos partenaires. Mon sang ne fit qu'un tour. On allait me jouer la même musique qu'en 1981 ! Mais cette fois, je ne me laisserais pas avoir. Je répondis à Romani que quoi qu'il arrive, je ne renoncerais pas et que je me présenterais s'il le fallait sans étiquette. Menace inopérante, moulinets avec un sabre de bois. Je n'avais évidemment aucune chance si je n'obtenais pas votre investiture. Mais ma colère fut prise au sérieux et tout rentra dans l'ordre. Je passai un accord avec Roger Chinaud : je gardais la tête de liste, il prendrait la deuxième place et en cas de victoire, il deviendrait maire de l'arrondissement tandis que j'accéderais à un poste d'adjoint du maire de Paris. Notre accord a été respecté, il a tenu douze ans et j'ai construit avec Roger Chinaud une relation d'amitié fraternelle qui perdure encore aujourd'hui.

Mais il fallait d'abord gagner.

J'ouvris très tôt une permanence dans le quartier. Je constituais une petite équipe en m'appuyant sur les militants RPR de l'arrondissement qui m'accueillirent chaleureusement et me restèrent fidèles tout au long de mes deux mandats, douze ans, et bien au-delà. Je me mis à labourer le terrain. Je n'avais pas vraiment l'habitude des cages d'escalier des immeubles HLM des boulevards parisiens. Je les gravis méthodiquement, sans ascenseur, toujours accompagné d'une équipière censée faciliter le contact. Je me fis parfois brutalement jeter dehors, je me souviens d'une furie notamment dont je découvris quelque temps plus tard qu'elle tenait le stand du PCF sur le marché dominical de la porte de Clignancourt. Mais la plupart du temps, mon sésame faisait merveille. Je me présentais, dès les premiers mots, comme « le candidat de Jacques Chirac » et toutes les méfiances s'évanouissaient. Combien de fois êtes-vous venu sillonner les rues commerçantes des quartiers si divers de cet arrondissement ! J'appris avec vous à serrer les mains. J'appris à regarder chaque interlocuteur dans les yeux. J'appris à demander des nouvelles du mari ou de l'épouse, sans oublier les enfants. On se moque parfois de cet exercice que, dans mes Landes natales, on nomme le « serre pougnettes ». Vous y mettez toute votre capacité d'empathie, et ça marche ! Les gens adorent et vous font fête. Je n'ai pas le souvenir que vous ayez essuyé d'insultes. Après six ans à la tête de la mairie de Paris, vous étiez populaire. Une fois terminé le circuit des commerçants, on se mettait à table dans un bistro du quartier. Votre appétit pantagruélique, je le découvrais, n'était pas une légende. Je vous ai vu engloutir coup sur coup deux copieuses cassolettes de cassoulet, la vôtre et celle de votre voisine, quand j'avais du mal à finir la mienne. Bernadette est venue à mon aide. Elle a rendu visite à toutes les maisons de retraite de l'arrondissement, en apportant des bouquets de fleurs à chaque pensionnaire, assortis d'un commentaire élogieux sur « Alain Juppé, que vous connaissez bien sûr ». Je n'aurais manqué pour rien au monde aucune de ses visites. Le 6 mars 1983, au soir du premier tour, après avoir exulté avec mes supporteurs dans ce qui était désormais « mon » arrondissement, je gagnai l'Hôtel de Ville. Je me revois gravir les marches de l'imposant escalier qui mène à votre bureau. Les vainqueurs s'y succédaient. Nous tombâmes dans les bras l'un de l'autre. La conquête du XVIII^e^, détenu par une majorité de gauche depuis dix-huit ans je crois, et cela dès le premier tour avec près de 54 % des suffrages exprimés, n'était pas une mince affaire ! C'était d'abord votre victoire, celle de vos listes, qui, le dimanche suivant, au deuxième tour, allaient remporter les vingt arrondissements parisiens. C'était aussi ma première victoire électorale. Je vous la devais. Mais je m'étais aussi défoncé (en tout bien tout honneur), j'en avais ma part, j'étais heureux. Une petite déception rétrospective : dans vos *Mémoires*, je lis sous votre plume : « Cette victoire est pour moi d'autant plus satisfaisante qu'elle me permet de faire émerger, dans les fiefs traditionnels de la gauche, une nouvelle génération de responsables politiques, parmi lesquels Alain Devaquet, Jacques Toubon, et Didier Bariani dans le XIe, le XIIIe et le XXe arrondissement[13]. » Point. Et Juppé alors, dans le XVIIIe ?

## *Le XVIIIe*

J'ai aimé « mon XVIIIe ». Pendant douze ans, de 1983 à 1995, je m'y suis donné à fond. J'en connaissais toutes les rues, les plus prestigieuses et les plus mal famées. Je rendais respectueusement visite aux célébrités qui habitaient autour de la place du Tertre, Jean-Pierre Cassel, Anouk Aimée, Michèle Morgan, Dalida, Jacques Fabbri qui s'enchaînait aux arbres de la place quand les jardiniers de la ville de Paris projetaient, à ma demande, d'en couper quelques-uns pour renouveler la plantation. J'essayais de convaincre les peintres de respecter les emplacements qui leur étaient assignés, je tentais d'interdire l'accès des bus en haut de la butte, ce qui me valait une levée de boucliers des commerçants inquiets de voir disparaître les touristes. Mais le XVIIIe était tout un univers : il y avait aussi le quartier des Grandes Carrières, à dominante de classes moyennes, les lieux de plaisir à Pigalle, le secteur ouvrier de La Chapelle où le curé de Notre-Dame-du-Bon-Conseil, le père Dominique Chéreau, faisait, en son patronage, un admirable travail d'insertion des jeunes. Et puis, bien sûr, la Goutte d'Or, extraordinaire kaléidoscope d'une cinquan-

13. Jacques Chirac, *Mémoires*, t. 1, *Chaque pas doit être un but*, *op. cit.*, p. 305.

taine de nationalités, territoire de multiples trafics, réputé foyer d'insécurité. Je décidai de m'y impliquer et je lançai, avec le soutien de l'État, une vaste opération de rénovation pour y construire des logements, des équipements de quartier, des voiries de qualité. Combien d'heures de discussion ai-je passées avec les associations du quartier qui, pour la plupart, avaient peu d'affinités avec mon RPR ! Je suis revenu à la Goutte d'Or plusieurs années après avoir quitté le conseil municipal. J'ai été ému, dans l'ancien presbytère de l'église Saint-Bernard-de-la-Chapelle où j'avais fait installer une maison des associations, quand le coordonnateur desdites associations, militant socialiste bien connu de mes équipes, Michel Neyreneuf, a rendu hommage au travail d'écoute et de concertation que j'avais piloté. Pour mener à bien mes projets, je pouvais compter sur votre aide. Vous vous étiez fixé un objectif pour l'ensemble de la capitale : qu'on puisse vivre aussi bien à l'est qu'à l'ouest, dans les quartiers populaires comme dans les quartiers bourgeois. Le XVIII$^{e}$ était dans la cible et c'est ainsi que j'ai pu lancer plusieurs opérations d'aménagement urbain, comme la ZAC de l'Évangile ou la rénovation du quartier des Abbesses. Vous veniez souvent en constater les progrès. On vous a beaucoup reproché une phrase que vous avez prononcée lors d'un dîner-débat à Orléans le 19 juin 1991. Vous aviez en tête une récente visite de la Goutte d'Or que vous aviez faite en ma compagnie. Vous y décriviez les conditions de vie du « travailleur français avec sa femme », le plus souvent payé au Smic, et celles, « sur le palier d'à côté », des familles nombreuses issues de l'immigration qui cumulaient les prestations sociales.

Et sur votre lancée, vous poursuiviez : « Si vous ajoutez à cela le bruit et l'odeur, eh bien, le travailleur français, sur le palier, il devient fou. » Ces mots ont fait scandale. Longtemps les bien-pensants de gauche y ont vu une profession de racisme insupportable. Dieu sait si vous exécriez toutes les formes de racisme ! Mais qui veut faire l'ange fait la bête, comme dit Pascal. Vous faisiez un constat que l'élu du quartier que j'étais ne pouvait que partager. Et ce constat vous inspirait un avertissement dont on mesure mieux aujourd'hui la pertinence, je vous cite : « Il faut que ceux qui nous gouvernent prennent conscience qu'il y a un problème de l'immigration et que si l'on ne le traite pas [...] les choses empireront au profit de ceux qui sont les plus extrémistes. » C'était donc en 1991. Avons-nous, nous-mêmes, « traité le problème » dans les années qui ont suivi ? Il a été difficile de parvenir à un consensus des forces politiques sur les mesures à prendre. L'éthique qui est respectable, la démagogie qui n'est pas respectable, et les idéologies qui brouillent souvent tout bon sens s'en sont mêlées. Le débat reste vif aujourd'hui, même si, hors les extrêmes, le réalisme est en progrès dans les partis dits « de gouvernement ».

En tout cas, vous aviez raison, le déni est la plus dangereuse des attitudes. Quelques jours après votre déclaration, je reçus un coup de téléphone de Franz-Olivier Giesbert qui, à l'époque, était journaliste au *Figaro*. Il voulait « comprendre ». Je lui donnai rendez-vous un soir à la sortie du métro Château-Rouge où je l'ai attendu vers 18 heures. Il a vite compris. « Sommes-nous à Bamako ou à Paris ? » m'a-t-il demandé. Donc, d'abord, le constat, sur le terrain. Et puis que fait-on ? Comment réagit-on ? Le rejet ? L'exclusion ? Le racisme ? La peur du « grand remplacement » ? Nous étions, vous et moi, et par intimes convictions, allergiques à ce type de réaction. Nous pensions que la bonne réponse, c'était d'abord de travailler à l'intégration des nouveaux venus, à l'amélioration des conditions de cohabitation entre des populations qui n'avaient pas, comment le nier, les mêmes habitudes de vie. C'est ce que je me suis employé à faire dans le XVIIIe, à la Goutte d'Or notamment, avec des résultats, j'en conviens, contrastés et fragiles. C'est pourquoi il est nécessaire de définir au niveau national les axes d'une politique de l'immigration cohérente et conforme à nos principes.

J'en ai tracé les grandes lignes dans le livre *L'État fort* que j'ai publié pendant ma campagne de la primaire : assumer le droit d'asile bien sûr dans le respect de nos engagements moraux et internationaux, en accélérant les procédures et en les harmonisant entre pays européens ; mieux encadrer le regroupement familial qui suppose de remplir des conditions de ressources minimales et une réelle volonté d'intégration, à commencer par la connaissance de la langue française ; instaurer des quotas d'immigration économique pour la mettre en cohérence avec notre marché du travail comme le fait par exemple le Canada ; et simultanément faire preuve de la plus grande rigueur dans la lutte contre toutes les formes d'immigration irrégulière, aux frontières de la zone Schengen qui doit se donner enfin les moyens d'un contrôle effectif. Ce ne sont là que des têtes de chapitre qui mériteraient de longs développements. Sans oublier l'ambition partagée avec nos voisins européens de mettre le paquet dans un partenariat économique, social, éducatif avec l'Afrique sans lequel nous ne maîtriserons pas les flux migratoires. Je pense que nous aurions été d'accord, Jacques Chirac et moi, sur ces grandes orientations. Quand j'ai publié mon livre en 2016, je n'ai pas pu, hélas ! en discuter de manière approfondie avec lui.

Mon mandat dans le XVIIIe m'apportait aussi de grandes satisfactions, et d'abord celles du travail accompli qu'on mesure sur le terrain local plus concrètement qu'au niveau national. J'avais avec moi une équipe admirable de dévouement, de disponibilité, de générosité qui relayait mon action dans chaque quartier de l'arrondissement. Elle distribuait régulièrement mon journal, *Espoir 18*, qu'un de mes militants, journaliste de métier, m'aidait à boucler. J'y parlais de sécurité, de propreté, de logement, toutes questions qui revenaient régulièrement dans mes permanences. Mais également de culture, de sport, de vie associative, bref de tout ce qui fait le quotidien des habitants. *Espoir 18* parlait aussi beaucoup de vous, de vos initiatives pour améliorer la vie quotidienne des Parisiens, tout comme de vos grands projets pour faire rayonner la capitale de la France.

Je vivais des moments heureux. Je ne manquais aucune des « Vendanges de Montmartre », manifestation annuelle qui rassemblait au flanc de la butte toute la population du quartier avec, en tête, les « Petits Poulbots » de notre ami Maurice His. Les touristes venaient nombreux. Juchés sur une estrade, Roger Chinaud et moi présidions le défilé. Bernadette se joignait parfois à nous. La vigne, plantée sur une ancienne décharge et orientée plein nord, était peu productive. La mairie du XVIIIe achetait quelques belles grappes de raisin chez les meilleurs commerçants, on les « greffait » sur les pieds de vigne, on faisait mine de les cueillir, on en remplissait des paniers qu'on distribuait aux associations du quartier. Le soir une vente aux enchères des bouteilles du millésime précédent se tenait à la mairie, place Jules Joffrin. Je me faisais un devoir d'enchérir. Au fil des ans, j'ai entassé dans ma cave des caisses de mauvais picrate sur lesquelles on fixait des toiles venues de la place du Tertre, aux couleurs du *Moulin Rouge*, cabaret emblématique de Montmartre. Paris n'est en fait qu'une addition de villages, tous attachés à leur personnalité. J'ai souvent entendu mes amis du XVIIIe déclarer, quand ils franchissaient le pont Caulaincourt en direction de la place Clichy, « Nous allons à Paris ».

En écrivant ces lignes, je ressens comme une bouffée de nostalgie. Ma deuxième campagne municipale, en 1989, a été plus détendue. J'avais tissé de solides réseaux d'amitié. Michou, en veste et lunettes bleues comme à son habitude, s'installait à la terrasse des cafés de la rue des Abbesses en brandissant une grande pancarte où il avait écrit : « Votez Chirac, votez Juppé. » C'était un gaulliste de toujours, chiraquien fidèle, devenu juppéiste militant jusques et y compris lors de mon combat de la « primaire ». C'était aussi un homme généreux qui invitait à déjeuner dans son cabaret, à ses frais, plusieurs fois par an, des groupes entiers de « seniors » du quartier. Il vient, hélas ! de nous quitter. Tout le peuple montmartrois, Petits Poulbots battant tambour, se pressait à ses obsèques en l'église Saint-Jean de Montmartre, le 31 janvier 2020. Le protocole m'avait assis entre Brigitte Macron et Bertrand Delanoë. Nous étions tous sincèrement peinés.

Je suis revenu, en 2015, rue Lepic, à *La Pomponnette*, quartier général des troupes de Roger Chinaud, qui était devenu le mien. C'était à l'occasion de la campagne des élections régionales. J'apportais mon soutien à mon fidèle Pierre-Yves Bournazel, tête de liste LR-UDI-Modem à Paris. L'émotion m'a étreint quand j'ai reconnu tant d'amis qui ne m'avaient pas oublié. Et tous, bien sûr, commençaient par me demander : « Comment va Chirac ? » Admirable fidélité.

Simultanément, je consacrais beaucoup de temps à ma fonction d'adjoint au maire de Paris chargé des finances et des affaires économiques. À l'aspect technique du boulot que j'avais appris à mon poste de directeur s'ajoutait maintenant une dimension politique. Il me fallait caresser dans le sens du poil mes collègues élus de la majorité dont certains étaient des « vieux de la vieille ». Quant à l'opposition, j'aimais l'affronter lors des séances du Conseil de Paris, notamment à l'occasion de la présentation et du vote du budget. Mes passes d'armes avec Georges Sarre, chef de file socialiste, dont les critiques contre « mon » budget m'exaspéraient, étaient vigoureuses et bruyantes. La majorité municipale appréciait ma combativité… que je poussais parfois un peu loin. Les noms d'oiseau volaient. Vous me laissiez carte blanche, votre confiance m'obligeait.

Vous avez été un grand maire de Paris. C'est Anne Hidalgo qui l'a dit en vous rendant hommage lors de vos obsèques. On sait qu'il ne faut accorder qu'un crédit limité aux éloges posthumes. Mais je crois qu'elle était sincère. Il fallait de l'autorité pour piloter un vaisseau qui n'avait connu depuis des décennies que la férule préfectorale. Vous avez su donner le cap et tenir la barre. Je ne vais pas ici faire la liste de vos réalisations tant elles furent nombreuses et diverses. Juste un court focus sur un aspect peut-être moins connu de votre œuvre : la politique culturelle ambitieuse que vous avez conduite. Vous avez tenu à développer les moyens de l'éducation artistique dans les écoles de la Ville, en vous substituant à une Éducation nationale souvent défaillante en la matière ; vous avez fait confiance à la Maison du geste et de l'Image, une jeune association qui proposait des parcours artistiques aux enfants et adolescents sur le temps scolaire ou en dehors ; vous avez confié la direction des affaires culturelles d'abord à Marcel Landowski qui lui a donné tout son lustre et qui a, par exemple, insufflé une nouvelle vie au Théâtre de la Ville et au Théâtre du Châtelet ; avec Pierre Emmanuel et Pierre Seghers vous avez créé la Maison de la poésie, et, je reviens à Montmartre, vous m'avez permis de transformer la halle Saint-Pierre, au pied de la butte, en musée consacré à l'art naïf, à l'art brut, « singulier, outsider ». Dans chaque arrondissement, la vie culturelle a bénéficié du même soutien.

Ce fort engagement dans l'administration de la capitale ne vous détournait pas de vos objectifs nationaux. On n'imagine plus aujourd'hui qu'un grand leader politique puisse être à la fois député d'une circonscription provinciale (la lointaine Corrèze), maire de Paris, président du RPR. Le cumul des mandats fait horreur aux Français, si l'on en croit les sondages. Ce n'est pas la seule contradiction d'une opinion publique qui exige de ses parlementaires l'abandon de tout mandat local et leur reproche un temps plus tard d'être « hors sol », coupés des réalités du terrain. Allez comprendre !

J'étais, pour ma part, devenu cumulard depuis 1984. Vous m'aviez en effet placé en bon rang sur la liste aux élections européennes que conduisait l'attelage Simone Veil pour l'UDF et Bernard Pons pour le RPR. Les deux grands partis de l'opposition se présentaient unis face à une majorité de gauche fragilisée. J'accédai pour la première fois à une assemblée parlementaire et je pris donc plusieurs fois par mois le chemin de Strasbourg pour les séances plénières du Parlement européen et celui de Bruxelles pour les réunions de commission. Dire que la vie parlementaire me transporta d'enthousiasme serait mentir. Je me contentais du service minimum au sein d'un groupe étrange – le Rassemblement des démocrates européens (RDE) – qui réunissait les députés gaullistes cornaqués par Christian de La Malène, les députés irlandais du parti Fianna Fáil avec lequel nous nous étions trouvé des affinités politiques, et quelques individualités écossaise ou grecque. La belle unité qui avait régné entre RPR et UDF pendant la campagne électorale avait en effet volé en éclats et les représentants français élus sur la même liste siégeaient dans des groupes différents.

Je dois confesser que je n'ai jamais vraiment eu la fibre parlementaire, pas plus au Parlement européen pendant les deux années durant lesquelles j'en ai été membre qu'à l'Assemblée nationale française. J'ai remporté cinq élections législatives, à Paris et à Bordeaux, soit vingt et un ans de mandat. Mais sur le lot, j'en ai passé six au gouvernement ; pendant onze ans, j'ai dirigé le parti, RPR puis UMP, ce qui m'exonérait du travail parlementaire de base. Or il n'y a pas de milieu : pour trouver de l'intérêt à ce travail, il faut se spécialiser et s'investir à fond. J'ai constaté que, compte tenu de vos responsabilités, votre vie de député n'était pas très différente de la mienne, du moins à l'Assemblée nationale. Grâce à une organisation exceptionnellement performante, vous avez en revanche toujours été très présent sur le terrain corrézien. C'était plus facile pour moi, mon « terrain » de député était à Paris !

## *Cohabitations*

Bien qu'il ait fait modifier le mode de scrutin et adopter la proportionnelle pour éviter la défaite annoncée de sa majorité, François Mitterrand se retrouva en cohabitation après le scrutin du printemps 1986. Nous avions fait une campagne d'enfer. Vous aviez choisi un slogan simple : « Vivement demain », avec la signature du RPR. La réalisation de l'affiche de campagne a été festive. Les candidats devaient poser autour de vous en chemise et cravate au vent. Poser n'est pas le mot. Il fallait du mouvement. Nous nous retrouvâmes un jour en Corrèze, priés de dévaler autour de vous une prairie en pente douce ; les photographes nous imposèrent de nombreux allers-retours ; vous vous prêtiez au jeu avec une patience infinie. Nous eûmes un peu de mal à convaincre Balladur de tomber la veste. Il accepta finalement de le faire en studio ; un ventilateur faisait voler sa cravate.

Nos efforts furent récompensés. Chef du parti désormais majoritaire, vous avez été désigné très logiquement comme chef du gouvernement. Édouard Balladur avait théorisé la cohabitation ; elle ne paraissait pas aller de soi pour certains gaullistes qui auraient rêvé d'aller au conflit avec le Président. Pour quelle issue institutionnelle ?

Vous êtes donc allé à Matignon. Vous avez fait de Balladur un ministre d'État surpuissant, chargé de l'Économie, des Finances et de la Privatisation. Il avait à ses côtés deux ministres délégués, le regretté Georges Chavannes pour le commerce, l'artisanat et les services, moi pour le budget. Camille Cabana, qui trouvait difficilement sa place dans l'équipe, fut directement rattaché au Premier ministre dès le mois d'août 1986. Le pouvoir tourna un peu la tête de Balladur qui exigea que son cabinet se réinstallât au Louvre et assit son autorité de manière parfois tatillonne, jusqu'à surveiller étroitement l'usage des salles à manger du ministère par ses ministres délégués. Vous ne m'aviez pas habitué à pareille mesquinerie. Je fus surpris car j'avais toujours eu, les années précédentes, des relations de travail courtoises voire cordiales avec l'incontournable « Édouard ». J'appris à lui donner du « Monsieur le ministre d'État ». Vous avez eu vent de ma mauvaise humeur. Vous m'avez alors proposé de changer de ministère, pour aller à l'Éducation, en ajoutant : « Vous feriez une connerie ! C'est au Budget qu'on apprend le métier. » Vous aviez raison. Je m'exécutai. Mes relations avec Balladur s'apaisèrent. Chacun y mit du sien. Et finalement nous fîmes du bon travail. Il me délégua largement les arbitrages budgétaires et nos cabinets travaillèrent en confiance. Pendant ce temps-là vous étiez obligé de ferrailler avec le Président qui prenait un malin plaisir à vous mettre des bâtons dans les roues, en refusant par exemple de signer les ordonnances que votre gouvernement venait d'adopter. Fallait-il rompre en dénonçant le coup de force ? Balladur plaidait pour le compromis. Je pensais qu'il avait raison. C'est le choix que vous fîtes.

Rétrospectivement, quand j'évoque avec Daniel Bouton, qui était à l'époque mon directeur de cabinet, la préparation du budget pour 1988, je me dis que nous avons manqué d'intuition. Grâce à la remise en ordre et aux réformes que nous avions engagées, la situation économique allait s'améliorer et la croissance revenir avec son lot de créations d'emplois. Nous aurions pu lâcher un peu la bride. Nous sommes restés stricts dans la rigueur. Nos successeurs, après la défaite de 1988, à commencer par Michel Rocard, en recueillirent les fruits. Je me dis que le même scénario s'est reproduit en 1997-1998 au profit de Lionel Jospin.

L'échéance de 1988 s'est vite présentée à l'horizon. Vous étiez décidé à repartir au combat. Le RPR unanime vous y appelait. Mais le démon de la division de la droite et du centre n'était pas terrassé. Raymond Barre annonça sa candidature. Il avait été pendant quelques mois ministre du Commerce extérieur dans votre gouvernement. Quand il fut devenu Premier ministre, j'avais accompagné Robert Galley dans son bureau lors de plusieurs réunions d'arbitrage entre ministres. Je pense que nous avions la même opinion de l'homme : économiste compétent, médiocre politique. Sans doute poussé par Giscard, ou par le goût du pouvoir, il se lançait dans l'arène électorale. Vous m'avez confié la tâche d'être le porte-parole de votre campagne, avec un mot d'ordre : ne pas me tromper d'adversaire. Je réservais donc mes coups à François Mitterrand qui faisait preuve de son habileté manœuvrière coutumière. En réponse aux attaques du camp barriste, j'avais trouvé une esquive : « Elles glissent sur nous comme l'eau sur les plumes du canard »... et je zappais en développant en détail votre programme.

La « France unie » de Mitterrand finit par s'imposer dans un contexte que les événements de Nouvelle-Calédonie, le massacre de la grotte d'Ouvéa, rendaient particulièrement difficile pour le gouvernement. La libération, le 4 mai, de Jean-Paul Kauffmann, Marcel Carton et Marcel Fontaine, trois de nos otages détenus au Liban depuis 1985, ne changea pas la donne. J'observais les choses d'un peu loin. Charles Pasqua, comme en 1981, était en première ligne à vos côtés.

Dans la foulée de l'élection présidentielle, notre défaite aux élections législatives fut sévère ; le RPR ne comptait plus que 130 députés, face à 275 socialistes et apparentés. Je sauvai mon siège dans le XVIIIe arrondissement grâce à ma bonne implantation locale.

Le ciel se chargea de gros nuages menaçants au-dessus de la rue de Lille. Pour prendre l'air, après des mois harassants de campagne électorale… et de travail gouvernemental ininterrompu, je m'envolai vers les îles grecques, plus précisément vers Spetsai, chère à Michel Déon. Je partis seul. Après une première expérience fâcheuse, pour fuir l'attaque en règle de hordes de moustiques, je cherchai refuge dans un autre hôtel isolé au sud de l'île. C'était une grosse maison traditionnelle aux murs épais et aux fenêtres étroites où je trouvai la fraîcheur et le repos. Pour peu de temps. À ma grande stupéfaction, alors que je sirotais un « ouzo » sur la terrasse qui donnait sur la mer Égée, on vint m'annoncer une communication téléphonique de Paris (en 1988, il n'y a pas de portables !). C'était Roger Romani. La conversation fut brève : « Alain, tu dois rentrer tout de suite à Paris. Chirac te demande. » Je changeai mon vol de retour, et rentrai le lendemain sans précipitation.

Vous aviez décidé de me confier le secrétariat général du RPR dont Jacques Toubon assumait la responsabilité depuis 1984. La fidélité de Jacques n'était pas en cause, ni son talent, mais vous vouliez sans doute donner un signal de changement. Vous sentiez que le parti allait entrer dans une zone de turbulences, après vos deux échecs à la présidence de la République.

## *Turbulences*

Nous ne fûmes pas déçus. Dès juin 1989, les « Rénovateurs » sonnèrent la charge. Six députés RPR (Michel Noir, Michel Barnier, Philippe Séguin, François Fillon, Étienne Pinte, Alain Carignon) et six députés UDF (Bernard Bosson, François Bayrou, Charles Millon, Philippe de Villiers, François d'Aubert, Dominique Baudis) dénoncèrent « la machine à perdre ». Il ne fallait pas être grand clerc pour comprendre que vous étiez leur cible, et ceux qui vous restaient fidèles avec vous. Les « douze salopards », comme on les surnomma, et ce n'était pas pour leur déplaire, étaient jeunes – enfin… à peu près tous quadras ou quinquas –, pour beaucoup maires ou élus locaux, habiles communicants. La presse leur réserva un accueil enthousiaste. Leur mouvement me posa un cas de conscience : fallait-il les ignorer ? les combattre ? les écouter ? les rejoindre ? Les hiérarques du parti me pressaient de condamner une initiative promise, selon eux, à faire long feu. Amateurisme, narcissisme, ambition forcenée… les critiques fusaient. L'équipe de secrétaires généraux adjoints que j'avais constituée autour de moi, qui n'étaient pas moins jeunes et qui pouvaient tout autant prétendre incarner le renouveau, était divisée. Les plus politiques, tels Nicolas Sarkozy ou Michèle Alliot-Marie, considéraient cette agitation avec circonspection ; d'autres – c'était le cas de Michèle Barzach, qui avait incarné le renouvellement de la « classe » politique en entrant dans votre gouvernement de 1986 au poste de ministre de la Santé et de la Famille – étaient irrésistiblement attirés par la lumière médiatique. Je me dis qu'il fallait tendre la main, ouvrir le dialogue, essayer de comprendre leurs intentions et leur projet. Je m'en ouvris auprès de vous. Je ne fus pas surpris d'obtenir votre feu vert.

Avec plusieurs de mes équipier(e)s, nous prîmes donc le chemin du monastère de la Grande Chartreuse où Alain Carignon, maire de Grenoble, nous avait conviés. Le lieu est sublime, au pied du Grand Som. Propice bien sûr à la méditation. Ce n'est pas exactement l'exercice auquel nous nous livrâmes. J'essayai de jouer le jeu, d'écouter, de comprendre. Et je compris assez vite qu'au-delà de la contestation des pouvoirs en place à la tête de nos partis, tout particulièrement du nôtre, les protagonistes n'avaient pas grand-chose en commun. C'est le compte rendu que je vous fis. Nous décidâmes de poursuivre notre route, celle du renforcement du RPR pour en faire l'outil de reconquête d'une majorité cohérente et solide.

Le calme ne revint pas pour autant. Une tempête bien plus redoutable se préparait. Philippe Séguin, qui, réaliste, avait rapidement pris ses distances avec le mouvement des « Rénovateurs », se rapprocha de Charles Pasqua pour préparer ce qu'il faut bien appeler un putsch contre la direction du mouvement.

Dans la perspective des assises prévues pour le début de l'année 1989, les sensibilités s'organisaient et préparaient des motions pour les soumettre au vote des militants. Séguin, plutôt positionné au centre gauche de l'échiquier politique, et Pasqua, qui déclarait à *L'Express* le 22 décembre 1988 : « Oui, je partage avec le Front national bien des valeurs », s'entendirent sur un texte commun qui invoquait les mânes du gaullisme et dénonçait la « liberalomania », le rapprochement avec le centre inévitablement jugé mou, et la dérive européenne de la direction du parti. Je n'ai jamais bien compris l'hostilité que m'ont vouée au fil des années Pasqua et Séguin. Car au-delà des divergences idéologiques, qui, dans certaines limites, sont acceptables au sein d'une même famille politique, il y avait une forme d'animosité ou de jalousie qui est moins compatible avec l'esprit… de famille. M'en suis-je moi-même rendu coupable ? C'est possible. Votre rôle était de ménager la chèvre et le chou. Je sentais bien en quel sens vous incliniez. Mais vous teniez à rester au-dessus de la mêlée. Cette fois-ci pourtant, il vous fallait choisir. Car l'affaire prenait un mauvais tour. La popularité du tandem Pasqua-Séguin était grande auprès des militants qui, grâce à la réforme de nos statuts que j'avais fait adopter, allaient pour la première fois élire directement la direction du parti. Et tous ne percevaient pas que la cible, derrière moi, c'était vous. En fait, Pasqua ne supportait pas le rôle que jouait auprès de vous le très pompidolien Balladur. Mélange de divergences de fond, sur l'Europe en particulier, et de jalousie de personnes.

Nous sommes en janvier 1990. Les assises du RPR vont se tenir au Bourget le 11 du mois. Plusieurs motions seront mises au vote des militants. Le match décisif opposera la motion Pasqua-Séguin et la motion de synthèse que j'ai préparée. J'entends Balladur vous dire : « Jacques, vous vous déshonoreriez si vous ne souteniez pas la motion de votre secrétaire général. » Le tandem Balladur-Pasqua ne s'était pas encore formé. Pour ma part, je n'avais aucun doute sur votre soutien. Et très vite la réalité s'imposa. Ma motion devint la motion Chirac-Juppé. Ce qui ne dissipa pas tout à fait le suspense. Nous étions assis côte à côte au Bourget pour attendre le résultat du vote. J'étais stressé. Vous paraissiez impassible, sauf le mouvement mécanique de la jambe qui trahissait votre tension intérieure. La motion Chirac-Juppé obtint 68,32 % des suffrages exprimés, la motion Pasqua-Séguin, 31,68 %. C'était une victoire. Ce n'était pas un triomphe. Nous avions le devoir de rassembler.

## *Reconstructions*

Les échecs de 1981 et 1988 nous avaient convaincus, vous et moi, que la droite et le centre ne reviendraient pas au pouvoir sans sceller leur union. Cette conviction m'a animé tout au long des deux décennies qui suivirent. C'est l'objectif que nous avons poursuivi ensemble.

Première étape : les élections européennes de juin 1989. Cinq ans auparavant, le RPR et l'UDF avaient formé une liste unique derrière Simone Veil et Bernard Pons. Vous aviez veillé à ce que je figure en position éligible sur cette liste. Mais 1988 était passé par là. Il fallait à nouveau recoudre. Nous n'y parvînmes pas tout à fait. Certes vous m'avez envoyé en mission pour représenter notre mouvement en deuxième position derrière Valéry Giscard d'Estaing. Mais une partie des centristes fit sécession et constitua une liste avec Simone Veil. Bayrou était à la manœuvre.

J'ai bien aimé faire campagne avec Giscard. Je ne l'avais jamais approché d'aussi près. J'appris à apprécier sa vive intelligence, sa courtoisie un peu froide (c'est moi qui le dis !) et même ses initiatives originales. C'est ainsi que, lors de la conférence de presse de lancement de notre campagne, c'était au Futuroscope de Poitiers, il se mit brusquement à parler chinois. Sans doute pour démontrer notre ouverture au monde… Il apprenait alors le mandarin et se déplaçait méthode Assimil en main. Il cherchait aussi à manifester son souci de la proximité, ce qui le conduisit un jour, sur le tarmac de l'aéroport de Strasbourg où nous tenions meeting, à haranguer la foule en dialecte alsacien. J'observais les élus du cru qui se contenaient à grand-peine pour ne pas rire. Mais au total, j'ai pris plaisir à cette campagne qui nous permit de renouer avec le succès. Ce ne fut pas évident dans les premières heures de la soirée électorale du 18 juin. Les premiers résultats donnaient un écart serré entre notre liste et celle de Simone Veil qui criait déjà victoire sur les plateaux télé. J'étais près de Giscard, au PC de campagne. Avec un flegme qui m'impressionna, il me conseillait d'attendre. Il avait raison. En fin de soirée, nous étions à près de 29 % (28,88) en tête de toutes les listes et la liste du « Centre pour l'Europe » de Simone Veil finissait en queue de peloton avec à peine plus de 8 % (8,43). La stratégie d'union, même écornée, était donc la bonne.

*Simone Veil*

De notoriété publique, Jacques Chirac appelait affectueusement Simone Veil « Poussinette ». Il avait guidé ses premiers pas en politique et, Premier ministre, il ne lui avait pas ménagé son soutien lorsque, en tant que ministre de la Santé, elle fit voter, non sans mal, la loi sur l'interruption volontaire de grossesse. C'est aujourd'hui, pour tous, « la loi Veil ». Chirac n'a pas été payé de retour : elle lui préféra successivement Giscard puis Balladur, avant de s'engager pour Sarkozy. Cela n'entama pas l'affection ni la considération qu'il avait pour elle.

Je ne me hasarderai pas à tracer ici le portrait de Simone Veil. C'est une personnalité trop considérable pour que son souvenir tienne en quelques lignes. Elle m'impressionnait. Je sentais chez elle une profondeur acquise dans l'épreuve inimaginable qu'elle avait vécue. Jusqu'à une forme de dureté qui la protégeait. J'admirais son combat pour les droits des femmes, son militantisme européen, son intransigeance morale et politique. Je me reconnaissais dans ses choix lorsqu'elle déclarait « qu'entre un Front national et un socialiste, [elle voterait] pour un socialiste ». Pourtant, bien que nos relations personnelles aient toujours été amicales, elle ne me ménagea guère : je vois encore le tribunal des dirigeants de la majorité RPR-UDF devant lequel je dus comparaître entre les deux tours des élections législatives de 1997 pour annoncer qu'en toute hypothèse, même celle de la victoire, je quitterais Matignon après le deuxième tour ; elle était présente et je ne perçus aucune indulgence dans son regard.

Je rencontrais, de loin en loin, son mari, Antoine, dont j'appréciais le sens de l'humour. Il me faisait sourire lorsqu'il me confiait recevoir du courrier au nom de « monsieur Simone Veil ». Mais sa connaissance du monde politique comme celle du monde de l'entreprise m'intéressait. Le cercle Vauban qu'il créa avec sa femme en 1983 s'est efforcé de devenir un lieu de rencontre entre personnalités appartenant à la majorité et à l'opposition. En même temps, si je puis dire.

La mort de Simone Veil me toucha profondément. On sait les hommages prestigieux qui lui furent rendus, jusqu'à son entrée au Panthéon en compagnie d'Antoine. À Bordeaux, l'École nationale de la magistrature honora la magistrate qu'elle avait été en donnant son nom au grand amphithéâtre de l'institution, au cours d'une émouvante cérémonie en présence de ses fils. Les auditeurs de justice de la dernière promotion retracèrent sa vie et sa carrière avec intelligence et sensibilité. Dans la foulée, je proposai à mon conseil municipal, avec l'accord de sa famille, d'appeler Simone-Veil le futur pont en construction sur la Garonne, symétrique du pont Chaban, en service depuis mars 2013. Proposition adoptée à l'unanimité. Je veillerai que mes successeurs tiennent cet engagement, une fois le pont achevé.

Pour poursuivre notre travail de reconstruction, vous m'avez donné votre accord pour organiser les états généraux de l'opposition RPR-UDF en vue des élections législatives de 1993 que nous avions la ferme détermination de gagner. Mitterrand usait Rocard au gouvernement ; ce serait bientôt le temps d'Édith Cresson et de Pierre Bérégovoy. La situation économique allait se dégrader, ce qui n'était certes pas réjouissant mais nous ouvrait de bonnes perspectives de succès.

Les conventions des états généraux dont nous avions confié le pilotage à Nicolas Sarkozy et Alain Madelin se succédaient sur tous les grands thèmes qui devaient nourrir un projet de gouvernement. L'hebdomadaire *Valeurs actuelles* a cru faire un joli coup politique en exhumant récemment les conclusions de la convention qui s'est tenue à Villepinte les 31 mars-1er avril 1990 sur les questions d'immigration. *Valeurs actuelles* en donne quelques citations, par exemple : « La France ne peut plus être un pays d'immigration, [elle] n'est pas en mesure d'accueillir de nouveaux immigrants », ou bien encore : « On ne peut tolérer que des clandestins puissent rester en France. Il faut tout mettre en œuvre pour que les décisions de reconduite à la frontière soient effectives. » Et l'hebdo de titrer : « Quand la droite était…

à droite. » Vieille rengaine ! Et si l'on sortait de ces clivages qui, déjà à l'époque, étaient bien dépassés ? Au moment où nos partis d'opposition tenaient le langage qui plaît à *Valeurs actuelles*, le Premier ministre Rocard affirmait quant à lui que la France ne pouvait accueillir « toute la misère du monde, même si elle doit en prendre sa part ». Il est vrai que pour certains socialistes, Rocard n'était plus tout à fait à gauche… Bien des années plus tard, en 2016, dans mon livre *Pour un État fort*, je ne proposais pas autre chose que ce que nous disions à Villepinte, y compris sur les reconduites à la frontière. Pourrons-nous un jour aborder ces questions avec bon sens et pragmatisme sans en faire un motif de querelles prétendument idéologiques ?

Vous vous prêtiez volontiers à l'exercice des états généraux. Enfin, volontiers… Parfois avec quelque crispation. J'ai le souvenir de la convention qui s'est tenue au couvent royal de Saint-Maximin les 15-16 septembre 1990. Au moment de la conférence de presse, vous avez dû présenter les conclusions de notre travail aux côtés de Giscard. Les chants amébées du président du RPR et du président de l'UDF manquaient un peu de fluidité. Mais l'union était en marche.

En 1992, elle connut un accroc qui aurait pu lui être fatal. J'ai en tête le référendum sur le traité de Maastricht. La division, cette fois, régnait au sein du RPR. J'ai déjà salué le courage qui fut le vôtre de rester ferme dans vos convictions et de prendre position en faveur du oui alors qu'une bonne partie des troupes gaullistes militaient pour le non.

Une fracture plus grave se préparait, dont les lignes n'étaient pas les mêmes.

Depuis 1981, j'étais habitué à vous entendre téléphoner pour un oui pour un non à « Édouard » afin de recueillir son avis ou son conseil. J'en avais déduit qu'une confiance indestructible régnait entre vous. Héritage pompidolien oblige ! Je m'en réjouissais car je partageais le plus souvent les idées de Balladur. Comment le divorce entre vous s'est-il produit ? Je ne le sais pas vraiment. Vous laissiez entendre qu'en cas de victoire, vous ne vouliez pas revenir à Matignon. L'expérience de 1986-1988 vous avait servi de leçon. Vous vouliez vous consacrer tout entier à la préparation de l'échéance présidentielle de 1995 sans vous user au gouvernement. L'ordre naturel des choses, s'il existe en politique, c'était que Balladur fasse le job. Le doute a-t-il commencé à s'insinuer dans votre esprit au fur et à mesure que s'approchait la date des élections législatives ? Quelques-uns de vos fidèles commençaient à vous mettre en garde. J'ai mieux compris le scénario de votre divorce en lisant le récit que vous en faites *a posteriori*. « J'avais confiance en Édouard Balladur[14] », écrivez-vous. J'ai trouvé que cette phrase avait quelque chose de poignant. Vous vous expliquez lucidement : « Ce qui m'inspirait confiance chez Édouard Balladur, malgré un excès d'orgueil et de certitude, c'était sa profonde intelligence, sa culture et ce que je croyais être sa loyauté envers moi. Je ne cultive pas à l'égard des autres une méfiance spontanée. » Et l'homme

14. Jacques Chirac, *Mémoires*, t. 1, *Chaque pas doit être un but*, *op. cit.*, p. 403.

blessé poursuit : « Je n'aurai jamais d'explication d'homme à homme avec Édouard Balladur [...]. Inévitablement, les rangs commencent à s'éclaircir autour de moi. Le premier à s'éloigner, parmi les membres du gouvernement Balladur, sera le ministre du Budget, Nicolas Sarkozy. »

Pour ma part je n'avais pas d'état d'âme, vous étiez pour moi le leader incontesté, je me tenais éloigné des luttes d'influence et je menai vigoureusement la bataille législative jusqu'au bout. La droite et le centre remportèrent en mars 1993 une victoire écrasante, le Parti socialiste, une défaite cuisante. Édouard Balladur fut nommé Premier ministre. J'entrai au gouvernement comme ministre des Affaires étrangères et européennes. J'étais heureux. Je mesurais la chance qui m'était donnée par le Premier ministre qui n'avait sans doute pas eu l'idée tout seul.

Au fil des années, en ma qualité de secrétaire général du RPR, j'avais continué à découvrir le monde. J'étais souvent porteur d'un message de votre part, comme en Chine en 1992, où le Parti communiste chinois m'avait invité en tant que dirigeant d'un « parti frère ». J'en frémis rétrospectivement. Je crois que le Parti socialiste français était aussi classé comme « parti frère » du PCC. Les Chinois « ratissaient large ». C'était une autre Chine. Pas une voiture dans les rues de Pékin devant la résidence des hôtes officiels où ma délégation et moi étions logés, mais des nuées de bicyclettes. Shenzhen, à la frontière de Hong Kong, n'était qu'une bourgade de quelques centaines de milliers d'habitants (quand même !). Et « l'Union Jack » flottait toujours sur la colonie britannique. Comme je le serais lors de mes visites officielles ultérieures, j'avais été frappé par la double référence qu'en guise de discours de bienvenue, les dirigeants chinois ne manquaient jamais de faire à l'intention de leurs visiteurs français. D'abord à la littérature française, Victor Hugo et *Les Misérables* tenant la corde. Ensuite et surtout à la reconnaissance de la Chine par le général de Gaulle en 1964 ; le parti gaulliste, perçu comme l'héritier de cette initiative historique, méritait une considération particulière. Quant à vous, on savait que vous aimiez rappeler que, jusqu'au XVIe siècle compris, la Chine avait été la première puissance économique mondiale. Et que vous connaissiez intimement sa culture millénaire. Finalement, c'était un travail de tout repos que de parcourir la planète « au nom de Jacques Chirac ».

Dans les mois qui précédèrent les élections législatives de 1993, j'avais compris que vous vouliez m'inciter à approfondir mes connaissances en matière de politique étrangère. Vous aviez installé auprès de vous une cellule de travail constituée de jeunes diplomates qu'animait Marie-Claude Cabana, l'épouse du secrétaire général de la Ville de Paris, Camille, elle-même en poste au Quai d'Orsay. C'est dans ce petit groupe que je fis la connaissance de Dominique de Villepin. Il serait excessif de parler de coup de foudre entre nous. Pourtant je fus d'emblée séduit par l'extraordinaire énergie qui émanait de sa personne. Son expérience diplomatique était déjà riche : à l'administration centrale, il avait travaillé à la Direction des affaires africaines et malgaches avant de partir en poste à New York au service de presse et d'information de l'ambassade de France, puis à New Delhi, et de retour à Paris comme directeur adjoint des affaires africaines et malgaches, ses premières amours. C'est tout naturellement que je lui proposai de prendre la direction de mon cabinet quand je fus nommé ministre des Affaires étrangères et européennes en 1993. Je pense n'avoir pas trop mal réussi dans cette fonction. C'est en tout cas un avis largement partagé. Eh bien, je le dois en grande partie à Dominique de Villepin. Grâce à sa parfaite connaissance du ministère, il me permit de constituer autour de moi une super équipe de jeunes diplomates, intelligents, motivés, créatifs. La plupart ont réussi depuis lors de brillantes carrières. Dominique me fit partager sa conviction qu'il fallait un peu bousculer la maison, pour lui rendre confiance en elle-même et dans sa mission en y opérant de profondes réformes. Nous chargeâmes un haut fonctionnaire de grande qualité, Jean Picq, d'établir un diagnostic sur le ministère et de proposer un plan d'action, ce qui fut mené à bien en quelques mois. Enfin et surtout, Dominique fut une mine d'idées et d'initiatives, souvent audacieuses et parfois dérangeantes, face aux grandes crises qui marquèrent la scène internationale entre 1993 et 1995, qu'il s'agisse du recadrage de la négociation de l'Uruguay Round, de l'élaboration d'un plan de règlement de la crise yougoslave ou de l'action contre le génocide au Rwanda. Dominique formait avec son adjoint, Maurice Gourdault-Montagne, une équipe idéalement équilibrée, l'un fougueux, l'autre modérateur. C'est la même équipe qui nous a accompagnés entre 1995 et 1997, Dominique à l'Élysée et Maurice à Matignon. Si les deux « maisons » ont travaillé en harmonie, sans bisbilles subalternes ni désaccords de fond, on le doit en bonne part à leur parfaite entente. Et à la confiance que nous leur faisions, vous et moi.

---

Tout bien réfléchi, je me dis que la BD consacrée au passage de Dominique de Villepin au Quai d'Orsay[15], cette fois comme ministre, décrit assez bien le personnage. Lui-même en convient et va jusqu'à confier, dans une interview, que « pour être franc, la BD est même un coup en dessous de la réalité ». Il y est dépeint comme « un homme brillant mais un peu cinglé, épuisant ses collaborateurs ». Brillant à coup sûr, et même brillantissime. Épuisant ses collaborateurs, c'est bien connu, et même ses chefs quand il en eut. Cinglé ? Dérangeant en vérité par sa rapidité tant dans la réflexion que dans l'action ; excessif, porté à transformer en épopée napoléonienne tout épisode de circonstance ; mais d'une créativité exceptionnelle dans l'invention de solutions à des problèmes insolubles. En l'écoutant, je me disais souvent : « Génial ! » Quand la tornade était passée, il fallait atterrir dans le réel. Sa production littéraire est à son image : foisonnante, flamboyante, étourdissante… poétique ! Mais au plus profond, ce qui l'anime, c'est le sens du service et l'amour de son pays. Je lui voue des

15. Abel Lanzac et Christophe Blain, *Quai d'Orsay. Chroniques diplomatiques*, Paris, Dargaud, 2013.

sentiments de reconnaissance sincère et une forme de pudique affection.

## *Le Quai*

Pendant deux années pleines, d'avril 1993 à mai 1995, j'ai conduit la diplomatie française en me donnant tout entier à la tâche. Le contexte national n'était pas simple. Le président de la République, François Mitterrand, lors de notre première rencontre, me fit connaître les réticences qu'il avait exprimées quand mon nom lui fut proposé pour ce poste : « Je vous trouve très sectaire », me dit-il de but en blanc. Je rétorquai : « Vous êtes bien placé pour savoir que les fonctions de chef de parti, que vous avez exercées, ne portent pas à la nuance. » Ce n'est pas un secret que, pendant les deux années qui ont suivi, nous nous sommes bien entendus.

Ma relation avec le Premier ministre ne fut pas un long fleuve tranquille. En accord avec vous, j'avais conservé mon poste de secrétaire général du RPR mais la disponibilité me manquait pour l'assumer pleinement ; j'avais pris pour adjoint Jean-Louis Debré dont vous saviez qu'il garderait fidèlement la maison. Au fur et à mesure que les relations entre Balladur et vous se dégradaient, Jean-Louis devenait de plus en plus critique, voire carrément agressif envers le chef du gouvernement. Ses Scud pleuvaient lors des émissions politiques dominicales et le lundi matin, j'avais droit aux remontrances acides de Balladur. J'avais trouvé une formule qui me permettait de m'en sortir : « Je suis fidèle à Jacques Chirac et loyal envers le Premier ministre. » J'ai tenu pendant deux ans.

Quant au contexte européen et international, il était d'une extrême complexité et dévorait la plus grande partie de mon énergie. J'avais un cabinet de choc. J'engageai immédiatement une réforme du Quai d'Orsay avec un objectif simple : redonner confiance aux diplomates pour mieux les mettre sous tension. Je n'évoquerai ici que pour mémoire trois de nos plus grands combats : l'Uruguay Round, l'ex-Yougoslavie, le Rwanda.

Le premier objectif que me fixa le Premier ministre, qui suivait de près les affaires européennes, fut de notifier à nos partenaires le refus de la France de souscrire à ce qu'on appelait l'accord de « Blair House » (du nom de la résidence officielle à Washington où il avait été conclu entre les États-Unis et la Communauté européenne...). Le nouveau gouvernement le considérait comme contraire à nos intérêts, et d'abord à ceux de notre agriculture. Je menai vaillamment le combat à Bruxelles, de concert avec Gérard Longuet, ministre chargé du Commerce. L'émotion fut grande autour de la table du conseil des ministres européens pour qui l'affaire était conclue mais nous obtînmes une renégociation conforme à notre objectif. Je vous parle de cette bataille diplomatique parce que vous en suiviez plusieurs volets qui vous tenaient à cœur : la préservation de la politique agricole commune que vous avez toujours défendue bec et ongles, mais aussi ce qu'on appelait encore à l'époque « l'exception culturelle », c'est-à-dire notre refus de laisser démanteler, au nom du libre-échange, nos dispositifs nationaux de soutien à la création culturelle, tout particulièrement au cinéma et au livre. Face à nous, Hollywood était à la manœuvre et, fort de la suprématie de son industrie cinématographique, réclamait à cor et à cri l'ouverture du marché. Nous avons tenu bon. Une fois Président, vous avez eu la bonne intuition de déplacer le débat du terrain de l'OMC sur celui de l'Unesco. Il vous a fallu beaucoup d'énergie et de ténacité pour parvenir à l'adoption, en octobre 2005, de la Convention sur la protection et la promotion de la diversité des expressions culturelles. Ce fut un de vos beaux combats pour la culture.

Je n'évoquerai pas longuement la tragédie qu'ont vécue les peuples de l'ex-Yougoslavie après l'effondrement du bloc soviétique. Elle a pourtant mobilisé, entre 1993 et 1995, une bonne partie des forces de notre diplomatie et des miennes notamment. Ce fut pour moi le sujet d'un dialogue serré avec le président Mitterrand qui, prisonnier parfois de sa riche culture historique, avait du mal à ne plus voir dans la Serbie un pays ami à ménager malgré la dérive de ses dirigeants. Mais c'est une autre histoire. Ce que j'ai simplement en tête aujourd'hui, c'est le rôle capital que vous avez joué, pour la résolution du conflit, dès le lendemain de votre élection en mai 1995. Le 27 de ce mois, vous avez pris en effet une décision proprement inédite : celle de ne plus tolérer qu'on tire sur des soldats français, fussent-ils sous casque bleu de l'ONU, ou qu'on les humilie sans leur permettre de riposter. La Forpronu, la force des Nations unies déployée sur le terrain, dans laquelle notre pays avait une participation importante, n'était en effet autorisée à se défendre en recourant à la force que dans des circonstances exceptionnelles et au terme d'une procédure compliquée. L'armée serbe de Bosnie, jouant de la fragilité du dispositif onusien, avait poussé la provocation jusqu'à prendre en otage un contingent de casques bleus parmi lesquels des soldats français. Vous n'avez pas supporté cette situation et vous avez donné le feu vert pour que nos forces sur le terrain les libèrent en utilisant les armements nécessaires. Ce fut la reconquête du pont de Vrbanja par les soldats du 3e Rima (régiment d'infanterie de marine), sous les ordres du capitaine Lecointre, officier exceptionnel, aujourd'hui chef d'état-major des armées. Vous avez salué cet acte de bravoure en ces termes : « La reprise du pont de Vrbanja restera dans la mémoire de nos armées comme un symbole, celui de la dignité retrouvée, du refus de toutes les humiliations. » Ce fut aussi un choc politique, une prise de conscience chez nos partenaires qu'on ne pouvait plus laisser aller les choses, qu'il fallait dans la foulée imposer un accord politique. Ce fut, quelques mois plus tard, l'accord dit de Dayton qui reprenait les grandes lignes du plan « Kinkel-Juppé » que j'avais élaboré au cours des mois précédents avec mon collègue allemand Klaus Kinkel, mais qui n'avait pas pu aboutir faute de détermination politique au plus haut niveau. Vous avez obtenu du président Clinton que la signature officielle de l'accord se fasse à Paris. Ce n'était que justice tant votre implication personnelle dans la résolution du conflit avait été décisive.

Je serai plus bref encore sur le génocide rwandais. Je vis douloureusement la scandaleuse opération de falsification historique qui consiste à accuser la France, et donc le gouvernement auquel j'ai appartenu entre avril 1993 et mai 1995, de complaisance voire de complicité avec les génocidaires. J'ai été auditionné par la mission d'information Quilès de l'Assemblée nationale, en 1998, et je n'ai rien à changer à mon témoignage. Sinon qu'au sein d'une communauté internationale qui s'est lavé les mains de ce drame abominable, la France est un des tout premiers pays à avoir, dès mai 1994, dénoncé par ma voix le génocide, et le seul à avoir tenté une initiative pour protéger les populations. Je veux parler bien sûr de l'opération Turquoise qui, pour moi, reste à l'honneur de notre pays et de nos armées. L'auriez-vous décidée ? L'avez-vous approuvée ? La vie est ainsi faite, la pression des événements est à ce point forte que nous n'en avons pas parlé longuement. J'ai un doute que je vous livre. Édouard Balladur et moi-même avions tenu à définir le plus strictement possible la mission de nos soldats : protéger les populations sans prendre part en aucune manière aux combats et ne rester sur le terrain que pour une durée limitée dans le cadre d'un mandat des Nations unies. Je pense que, malgré les bornes que le Conseil de sécurité et notre gouvernement avaient ainsi fixées, l'initiative qui exposait, c'est vrai, l'armée et la diplomatie françaises, a dû vous paraître aventureuse.

En septembre 1994, j'ai sans doute franchi, aux yeux d'Édouard Balladur, la ligne rouge. Les jeunes du RPR tenaient leurs universités d'été à Bordeaux. Tous les ténors du parti étaient là, sauf Pasqua. Les troupes vous étaient acquises. Votre discours les avait galvanisées. Emporté par un enthousiasme contagieux, je m'écriai à la tribune, à l'intention de nos jeunes : « Que Jacques Chirac nous montre le chemin, il sait qu'alors vous serez là, et moi avec vous, pour le suivre ! » Et, dans mon élan, je saisis la main de Philippe Séguin qui était près de moi et portais haut nos deux bras. *Les Échos*, sous la signature de Françoise Fressoz, titrèrent : « N'hésitant pas à enfreindre la loi du silence édictée par Édouard Balladur aux membres du gouvernement, le ministre des Affaires étrangères, qui est aussi secrétaire général du RPR, a réaffirmé sa fidélité au maire de Paris. »

Cette proclamation me valut des critiques de la part de parlementaires qui prônaient la retenue tout en militant ouvertement pour la candidature de Balladur. Ce qui me laissa froid. Le Premier ministre fit grise mine mais ne m'adressa aucune admonestation. Il est vrai qu'il n'avait rien à me reprocher. Je faisais mon travail à plein temps, avec conscience, et même un peu plus, avec passion. Je n'avais jamais manqué de loyauté à l'égard du chef du gouvernement. Ma bonne entente avec le président de la République, d'une certaine manière, me protégeait. J'observais avec amusement l'évolution de Mitterrand qui me tenait sur vous des propos chaque jour plus bienveillants. Au cœur de l'été 1994, il m'avait invité à déjeuner avec lui, chez l'un de ses amis, près de Seignosse entre sa villégiature à Soustons, au lieu-dit Latche, et la mienne à Hossegor. Il fondait visiblement peu d'espoirs sur les candidats socialistes à la prochaine élection présidentielle ; coutumier des coups de griffe, il me confiait que Delors ne serait candidat qu'après avoir été élu. Il était clair que, dans son esprit, la voie s'ouvrait devant vous. Je ne résiste pas au plaisir d'ajouter qu'il me conseillait de me préparer pour l'avenir.

Ma tâche de ministre des Affaires étrangères et européennes était lourde. Pour m'y consacrer tout entier, je déléguais largement la direction du RPR à mon secrétaire général adjoint, Jean-Louis Debré, qui, je l'ai dit, l'assumait sans états d'âme. Il vous servait efficacement. Au premier semestre 1995, la présidence tournante du Conseil européen échut à la France. Je passais donc beaucoup de temps à Bruxelles. Je commençai même l'année en faisant le tour, comme c'est l'habitude, de toutes les capitales. À Helsinki… ou à Athènes, les bruits de la campagne me parvenaient assourdis. Certains en conclurent, à ma grande colère, que ma flamme chiraquienne se mettait en veille. Je savais que vous n'en croyiez rien. Mais il est vrai que, dans la préparation de votre programme, j'avais un peu laissé la main à Séguin et à Madelin. Il en sortit l'idée de la fracture sociale et le projet de sa réduction… qui allait m'incomber.

Je consacrais aussi un peu de temps à mon prochain atterrissage bordelais. Je sais que le choix que j'avais fait, sur proposition de Jacques Chaban-Delmas, de briguer la mairie de Bordeaux à l'occasion des élections municipales de juin 1995, vous avait déçu. Non point qu'il s'agît de Chaban ; la page de vos affrontements était tournée et la réconciliation, apparemment scellée. Mais vous pensiez à votre succession à Paris et m'aviez fait connaître votre intention de me passer le relais. J'ai d'abord eu quelque mal à y croire. J'avais pu constater l'influence, le poids que les barons parisiens avaient auprès de vous, et leurs légitimes ambitions. Je savais que « les promesses n'engagent que ceux qui les reçoivent », selon l'une de vos expressions favorites. Pardon de vous parler avec tant de franchise. Si je le fais aujourd'hui, c'est que je l'ai fait à l'époque. Vous êtes revenu à la charge et l'on sait quelle est votre force de persuasion. J'ai tenu bon. Quelques mauvaises langues, et Dieu sait si elles étaient déliées autour de nous, insinuèrent que je ne croyais pas vraiment à votre victoire à l'élection présidentielle et que je ménageais ainsi mes arrières. Je crois avoir démontré que j'étais prêt à prendre quelques risques pour vous. Ce qui me motiva, ce fut l'envie de voler de mes propres ailes. Certes, dans le XVIII$^{e}$ arrondissement de Paris, je m'étais taillé un fief personnel, que la droite et le centre n'ont, hélas ! pas su conserver. Mais c'était à l'ombre de votre magistère. Je le confesse avec un peu d'arrogance : le temps était venu pour moi d'être non plus le deuxième à Rome mais le premier dans ce qui était un peu plus qu'un village.

De fait, les enquêtes d'opinion ne vous étaient pas favorables. Quand je réunissais, en janvier 1995, quelques journalistes parisiens, j'avais du mal à les convaincre que vous gardiez toutes vos chances. Certains allaient jusqu'à me dire sur un ton de commisération : « Mais comment pouvez-vous encore y croire ? » Le camp de Balladur m'envoyait des émissaires qui m'incitaient à retourner ma veste en me promettant, comme une évidence, Matignon en cas de victoire de leur chef. Il faudrait bien recoller les morceaux, insinuaient-ils, et j'étais, selon eux, le chiraquien le plus « balladuro-compatible ». Inutile de vous dire que ces promesses me laissaient de marbre.

Enfin, en février, les instituts de sondage diagnostiquèrent un frémissement dans l'opinion. Votre cas décidément n'était pas désespéré. À chacune de nos rencontres, je faisais la même constatation : vous étiez inébranlable. Votre incroyable ténacité dans la conquête du pouvoir allait vous permettre, seul contre tous ou presque, de renverser la table.

III

# AU POUVOIR

*Matignon*

7 mai 1995. Jour de joie, un peu plus que de la joie, du bonheur ! Nous sommes tous rayonnants dans l'avenue d'Iéna devant votre permanence où se massent vos amis, connus et inconnus. Nous avons vu vers 20 heures se dessiner votre visage sur les écrans de télévision : vous étiez élu président de la République. C'était le combat de votre vie. Et pour beaucoup le nôtre. Que de persévérance, de volonté, de résistance aux coups reçus, de force aussi pour les coups donnés !

J'aime cette image où l'on vous voit, descendu du balcon d'où vous aviez reçu, aux côtés de Bernadette, les ovations de la foule, traverser à grand-peine l'avenue. Je l'aime parce que je m'y reconnais, transformé un instant en garde du corps, collé à vous, écrasé par la masse humaine, un rictus de quasi-souffrance sur le visage. Je n'ai pas pu vous rejoindre place de la Concorde. Isabelle, enceinte de quatre mois, avait été bousculée dans la cohue. Prise d'un léger malaise, elle était allongée, parmi d'autres, dans une salle de repos de fortune aménagée au rez-de-chaussée de votre permanence. Vous êtes venu l'embrasser. Nous sommes rentrés, elle et moi, à la maison. Nous avons assisté à votre rencontre avec le peuple de Paris et, à distance, le peuple de France, devant nos écrans de télévision. J'ai retrouvé, dans l'exposition de photos que l'Assemblée nationale vous a consacrée à l'hôtel de Lassay, au lendemain de votre mort, ce geste inimitable de votre main droite, grande et belle, généreusement ouverte, saluant à travers la vitre de la voiture qui vous emmenait vers votre triomphe.

Le bonheur dure. La joie est comme un feu. Dès le lendemain, elle a cédé la place à la gravité. Toute la presse s'excitait autour de la même question : quel Premier ministre à Matignon ? Les pronostics allaient bon train. Deux favoris se détachaient du lot : Séguin et moi.

On me croit à peine quand j'affirme que nous n'en avions jamais longuement parlé. C'est pourtant vrai. Il vous arrive d'être secret, comme il sied à quiconque exerce le pouvoir. Et puis, je l'ai déjà dit, vous aimiez bien avoir deux fers au feu. Vous ne m'aviez donc rien annoncé. Mais, je ne sais pas pourquoi, j'avais une intime conviction : ce serait moi. Quels signes, quelle logique politique, quelles affinités électives avaient ancré en moi cette certitude ? Je ne suis pas très porté à l'introspection. Je pense néanmoins que l'argument décisif a été celui de la confiance. Vous pressentiez que les temps allaient être difficiles. Vous ne vouliez sans doute pas ajouter aux innombrables turbulences auxquelles vous auriez à faire face une guerre d'usure avec votre Premier ministre. Vous saviez que, malgré ma réputation de dureté et d'autoritarisme, je ne suis ni d'un tempérament colérique ni d'un comportement compliqué ou sinueux. Nous connaissions bien nos qualités et nos défauts respectifs. Je ne parle jamais des défauts de ceux que j'aime, je laisse ce soin à ceux qui ne les aiment pas. Nous pensions pouvoir vivre ensemble sereinement, y compris dans les tempêtes. Nous ne nous sommes trompés ni pour la sérénité ni pour les tempêtes. Les choses se sont donc faites tout naturellement.

## *Le mystère Séguin*

Pourquoi sommes-nous constamment apparus, Philippe Séguin et moi, comme des rivaux, pire, des ennemis ? Rivaux, nous l'étions, avec ce que cela suppose de jalousie et de susceptibilité. Quand vous avez proclamé que j'étais « probablement (j'insiste sur le probablement) le meilleur d'entre nous », vous l'avez blessé et ulcéré. Volontairement ? Par maladresse ? Vous aviez le souci, pourtant, de maintenir la balance égale entre nous deux. Pour avoir la paix. Car au fond vous redoutiez ses colères… homériques. Vous écrivez : « Le caractère de Philippe Séguin peut se révéler difficile, brutal, parfois même insupportable […]. Autant ma relation avec Alain Juppé a toujours été naturelle, sûre et spontanée, autant celle nouée avec Philippe Séguin doit être constamment recherchée, travaillée, acquise parfois au prix d'efforts démesurés[1]. » Ce qui ne vous empêche pas d'ajouter : « Je lui ai toujours conservé estime et affection. »

1. Jacques Chirac, *Mémoires*, t. 1, *Chaque pas doit être un but*, *op. cit.*, p. 388.

Rivaux donc au fil des années, mais ennemis ? Je n'ai jamais éprouvé d'animosité à son égard. J'ai fait quelques efforts pour mettre de l'huile dans les rouages entre nous. Je lui ai rendu visite à Épinal pour m'inspirer des innovations qu'il avait mises en œuvre dans sa ville, notamment en matière d'éducation. Je l'ai invité à Bordeaux à l'occasion d'un match Milan AC-Girondins en me disant que sa passion pour le football l'amadouerait d'une manière ou d'une autre. Peine perdue. Son mutisme me mettait mal à l'aise. Avions-nous de graves divergences idéologiques ? Il mettait un soin jaloux à cultiver sa réputation de « gaulliste social », ce qui n'était pas de nature à me déplaire. Peut-être voyait-il en moi un abominable chantre du libéralisme à tous crins… alors même qu'une bonne partie du patronat me taxait d'être un technodirigiste dans l'âme. Allez donc comprendre ! Nous avions, c'est vrai, deux approches très différentes de l'avenir de l'Europe, lui gardien sourcilleux de la souveraineté nationale, moi convaincu que la meilleure manière de sauvegarder cette souveraineté était de la mutualiser avec nos partenaires pour faire de l'Europe une puissance capable de compter sur la scène mondiale. Ce débat n'était pas, n'est toujours pas médiocre. Il est même stratégique. Mais nous aurions dû l'aborder dans la sérénité plutôt que dans la défiance. Dans les derniers temps, j'eus l'impression qu'il aurait aimé « réchauffer » nos relations ; nous nous sommes vus une ou deux fois dans une ambiance presque amicale. Hélas ! Sa disparition prématurée ne nous a pas permis d'aller plus loin. Occasions manquées. Je le regrette.

Je dois vous l'avouer maintenant : je ne m'étais pas vraiment préparé pour Matignon. Complètement absorbé par ma tâche de ministre des Affaires étrangères et européennes, je remettais au lendemain les questions que j'aurais dû me poser d'urgence, même s'il me fallait pour cela parier sur une nomination par définition incertaine. Résultat : j'ai un peu pataugé dans les premiers jours et j'ai un souvenir douloureux de deux exercices, ô combien périlleux, auxquels il a bien fallu que je me livre : la constitution de mon équipe gouvernementale et la préparation de ma déclaration de politique générale devant le Parlement.

Très vite, avant même votre passation de pouvoir avec Mitterrand, nous nous sommes réunis à La Celle-Saint-Cloud où le ministre des Affaires étrangères que j'étais encore disposait d'une résidence de travail. Je ne connais pas d'exercice plus difficile que le choix des membres d'une équipe, qu'il s'agisse à petite échelle d'une liste municipale, ou, au sommet de la pyramide, d'un gouvernement. Je vous proposais des noms, vous aviez les vôtres, nos conseillers respectifs les passaient au crible. Les critères à croiser sont nombreux : la compétence d'abord, contrairement à ce que pensent les « observateurs » ; la représentativité politique et l'équilibre entre les formations politiques prêtes à soutenir l'action du Président ; et de multiples autres équilibres : entre les régions – et vous y étiez particulièrement attentif –, entre les professions, entre les âges, entre la « classe politique » et la « société civile »... Bref, exercice impossible. Certains noms s'imposaient cependant : Jean-Louis Debré, votre féal, tout comme Jacques Toubon, Alain Madelin qui vous avait aidé à élaborer votre programme, Bernard Pons pour le RPR, Jacques Barrot et Philippe Douste-Blazy pour l'ouverture au centre, etc. Pour ce qui est des balladuriens, je ne parvins à sauver que l'inusable François Bayrou ; il voulait les Affaires étrangères, je lui proposai de rester à l'Éducation nationale, à prendre ou à laisser ; il prit. Naturellement il n'était pas question pour Séguin d'entrer dans un gouvernement Juppé ! Vous l'avez poussé vers la présidence de l'Assemblée nationale et vous avez accepté ma proposition de nommer comme ministre des Technologies, de l'Information et de la Poste, son protégé, François Fillon, que pourtant vous n'aimiez pas.

J'avais deux autres exigences pour compliquer le choix : la recherche sinon de la parité intégrale qui me paraissait à l'époque inatteignable compte tenu de la composition du corps politique, du moins d'un début de rééquilibrage entre les sexes. Vous étiez pleinement d'accord et, au prix d'un gros effort d'imagination, car les candidatures qui cochaient toutes les cases n'étaient pas légion, vous êtes parvenu à nommer, sur ma proposition, douze femmes et trente hommes. Près de 29 % de femmes, meilleur score après celui du gouvernement Rocard, c'était un début. La situation n'allait, hélas, pas durer.

En revanche, sur l'objectif d'un gouvernement « ramassé », qu'affiche tout nouveau Premier ministre, et qui était aussi le mien, votre soutien a été plus… flexible. Vous reveniez à la charge : « Alain, il n'y a pas dans votre liste de représentant du monde agricole. Ni du secteur social. Où est la Bretagne ? Et l'Alsace ?… » J'étais bien obligé de convenir qu'il y avait là des lacunes impardonnables et c'est ainsi que je me suis retrouvé avec quarante-deux ministres et secrétaires d'État, une armée « mexicaine » qu'il allait être difficile de conduire au combat.

Deuxième épreuve, la préparation de mon discours de politique générale devant le Parlement me mit au supplice. Je crois n'avoir jamais eu autant de mal à écrire un discours que celui-là. « Mon » discours, pour une fois ! Pour le construire, j'avais demandé à mes principaux ministres de faire parvenir leur contribution à mon cabinet, avec les grandes priorités qu'ils s'assignaient chacun dans leur secteur. En faire la synthèse fut un enfer. Pour mettre un peu de cohérence dans le produit final, je choisis un fil conducteur : l'emploi, l'emploi, l'emploi ! Je martelais le mot. C'était à l'évidence le principal enjeu du moment, et pour longtemps. Le texte qui sortit d'un travail acharné de plusieurs jours (et nuits) était trop long. Il reçut certes, comme c'est l'usage, votre bénédiction mais quand je mis plus d'une heure et demie à le lire à la tribune de l'Assemblée, je m'aperçus assez vite que l'auditoire décrochait. Les députés, dans l'hémicycle, sont impitoyables. Ils n'hésitent pas à interrompre l'orateur par des interjections parfois offensantes ; les noms d'oiseau fusent. J'observais dans les premiers rangs quelques parlementaires supposés appartenir à ma majorité : certains arboraient un sourire moqueur, d'autres soupiraient de lassitude. J'obtins bien sûr un vote positif… sans acclamation.

On parle souvent de « l'enfer de Matignon ». C'est même le titre qu'une journaliste a donné à un livre bien renseigné. Ce n'est pas le souvenir que j'en garde. La charge de travail est certes écrasante, le « job » est physique. Je m'y préparais chaque matin par un rapide footing dans le magnifique parc de l'Hôtel, en compagnie de quelques gardes républicains chargés habituellement de ma sécurité et qui avaient eux aussi besoin d'entretenir leur forme.

« Les emmerdements volent en escadrille », comme vous le disiez souvent. Je l'ai vérifié, au quotidien. Mais j'ai aimé cette vie en tension permanente, le sentiment d'agir pour le bien commun, la recherche constante de la bonne décision, celle qui permet d'atteindre l'objectif qu'on s'est fixé sans provoquer la coalition d'intérêts contradictoires. Je n'ai pas toujours excellé dans cet exercice. Est-on vraiment coupé des réalités, enfermé dans sa tour d'ivoire quand on assume de telles responsabilités ? C'est une idée reçue. Ce n'est pas ce que j'ai ressenti. On est branché sur d'innombrables capteurs qui vous font remonter l'information, souvent de première main. L'un des relais les plus directs est celui des parlementaires, retour de leur circonscription. J'en recevais toutes les semaines de petits groupes et ils ne manquaient pas d'ouvrir devant moi leur cahier de doléances, de répercuter les critiques de leurs électeurs, de souligner les maladresses des ministres, etc. Ce qui m'a facilité la tâche et la vie, c'est la compréhension, le soutien que vous-même et vos équipes m'avez sans cesse donné. La relation personnelle entre le secrétaire général de l'Élysée, Dominique de Villepin, et mon directeur de cabinet, Maurice Gourdault-Montagne, mettait toute l'huile nécessaire dans les rouages de la machine gouvernementale. Ils avaient travaillé ensemble à mes côtés au Quai d'Orsay et se connaissaient intimement. Ils se téléphonaient plusieurs fois par heure et savaient aplanir les difficultés qui pouvaient apparaître entre les deux maisons. Je leur faisais une entière confiance, ce qui contribuait puissamment à ma (relative) sérénité.

La cohésion de nos équipes nous fut précieuse lorsque nous dûmes affronter la vague d'attentats terroristes perpétrés par le GIA algérien, qui fit huit morts et près de deux cents blessés entre juillet et octobre 1995. Le 25 juillet, je descendis avec vous et Jean-Louis Debré, ministre de l'Intérieur, dans la gare Saint-Michel-Notre-Dame du RER B, à la rencontre des personnels qui évacuaient les victimes et sécurisaient les lieux. Moments terribles de souffrance et de colère. Tout au long de ces mois tragiques, je pris exemple sur votre courage et votre force d'âme. L'épreuve nous soudait davantage encore.

Il vous fallut aussi beaucoup de ténacité pour engager et réaliser la profonde transformation de nos armées que vous aviez depuis longtemps en projet. Vous étiez convaincu qu'il fallait d'abord les professionnaliser. La chute du mur de Berlin, la dislocation du bloc soviétique changeaient profondément la donne stratégique. Nous aurions besoin à l'avenir de soldats professionnels, formés et aguerris aux opérations extérieures que nous aurions à assumer pour défendre nos intérêts ; d'un point de vue militaire, la conscription perdait dès lors son utilité. Nous avons donc supprimé le service militaire obligatoire. Je dois encore ferrailler avec de nombreux nostalgiques qui nous reprochent d'avoir privé notre jeunesse d'un temps de communion dans les valeurs basiques de la République et d'ouverture sur des horizons nouveaux. Aimable illusion ! À l'époque, une fraction significative des jeunes hommes d'une classe d'âge parvenait à se faire exempter ; et tous les parlementaires étaient assaillis par les familles qui sollicitaient un piston pour que le « petit soit affecté dans une unité aussi proche que possible de la maison ». Si l'on va au fond des choses, nos armées sont-elles chargées d'assurer la défense de la Nation ou un complément de formation à chaque classe d'âge, filles et garçons confondus ? Pour moi, les rapports de force dans le monde étant ce qu'ils sont, la réponse ne fait pas de doute. C'est l'école le vrai *melting-pot*, et pas une armée moderne. J'ai toujours du mal à faire admettre ce raisonnement, notamment aux nostalgiques qui ont eux-mêmes accompli le service à l'ancienne. Alors, nos gouvernants, pour répondre aux attentes de l'opinion, proposent aujourd'hui un service civil obligatoire pour les jeunes des deux sexes. L'idée est sympathique ; sa faisabilité est à démontrer.

La modernisation de notre défense nationale qui vous tenait à cœur, c'était aussi la reconfiguration de notre dissuasion nucléaire que vous avez ramenée à deux composantes en fermant le plateau d'Albion. Vous avez surtout assuré sa pérennité en assumant l'organisation d'une dernière campagne d'essais nucléaires. Ces essais étaient nécessaires pour vérifier le maintien au niveau requis de nos armes en attendant que le relais soit pris par les expériences en laboratoire que permettrait la construction du laser mégajoule ; le chantier de ce gigantesque équipement dont les applications civiles sont nombreuses allait démarrer sur le site du Barp dans la forêt landaise au sud de Bordeaux ; il s'achève aujourd'hui seulement. J'ai bien en tête la tempête diplomatique que déchaîna le lancement de cette campagne d'essais. Je mobilisai tout notre appareil diplomatique pour expliquer ses raisons et ses limites. Ce fut rude avec l'Australie et la Nouvelle-Zélande qui prétendirent nous chasser de la zone Pacifique. C'est avec une satisfaction non dissimulée que, quinze ans plus tard, redevenu ministre des Affaires étrangères, j'entendis à l'occasion d'un voyage officiel les autorités de Canberra me dire toute l'importance qu'elles attachent à la présence de la France dans leur voisinage… qui est aussi celui de la Chine. Lors d'un autre voyage, en 2016 cette fois, en tant que candidat à la « primaire » de la droite et du centre, je pris l'engagement vis-à-vis de nos compatriotes polynésiens de régler une fois pour toutes la question de la légitime indemnisation des dommages qu'ils ont subis.

Ces deux années à Matignon, en harmonie avec vous à l'Élysée, m'ont profondément marqué. Elles sont le cœur de mon action politique. Avec votre soutien constant, mon gouvernement a pu mener à bien de belles réformes : l'invention par le ministre Pierre-André Périssol du prêt à taux zéro pour faciliter l'accès au logement ; le plan PME pour la France conçu par Jean-Pierre Raffarin en concertation étroite avec Lucien Rebuffel, patron de la Confédération générale des petites et moyennes entreprises (CGPME) ; les zones franches urbaines portées par Jean-Claude Gaudin et Éric Raoult pour dynamiser l'économie des quartiers sensibles ; ou bien encore la grande cause nationale 1997 contre la maltraitance des enfants pour laquelle se mobilisèrent Carole Bouquet, sœur Emmanuelle et ma femme Isabelle. Nous avons bien travaillé.

Et nous avons vécu, quand même, des moments de détente souriante, par exemple le défilé des boulangers venus à Matignon remercier le gouvernement et tout spécialement « leur » ministre, Jean-Pierre Raffarin, protecteur de « l'artisan boulanger », inventeur de la première Fête du pain. Je lis sur le site « Les Nouvelles de la Boulangerie » qu'elle allait devenir en quelques années « une grande fête nationale comme la Fête de la musique » ! Joli clin d'œil.

*16 juillet 1995, un discours historique*

« Il est, dans la vie d'une nation, des moments qui blessent la mémoire, et l'idée que l'on se fait de son pays. » C'est ainsi que commence le discours que prononce le dimanche 16 juillet 1995 le nouveau président de la République, lors des cérémonies commémorant la grande rafle des 16 et 17 juillet 1942.

Je relis ce discours dans un livret édité par l'association Les Fils et Filles des déportés juifs de France que préside Serge Klarsfeld. Je poursuis ma lecture : « Il y a cinquante-trois ans, le 16 juillet 1942, quatre mille cinq cents policiers et gendarmes français, sous l'autorité de leurs chefs, répondaient aux exigences des nazis.

Ce jour-là dans la capitale et en région parisienne, plus de treize mille hommes, femmes et enfants juifs furent arrêtés à leur domicile, et rassemblés dans les commissariats de police [...].

Pour toutes ces personnes arrêtées, commence alors le long et douloureux voyage vers l'enfer. »

Et cette phrase de Jacques Chirac qui reste et restera si profondément inscrite dans notre mémoire collective : « La France, patrie des Lumières et des droits de l'homme, terre d'accueil et d'asile, la France, ce jour-là, accomplissait l'irréparable. Manquant à sa parole, elle livrait ses protégés à leurs bourreaux. »

Pourquoi ces mots ont-ils eu une telle résonance ? C'est que le chef de l'État, pour la première fois, avait le courage de rompre avec le discours convenu qui exonérait « la France » pour rejeter la responsabilité de l'ignominie sur « un État français » qui n'était pas « la » France, sur un régime, « le régime de Vichy », que nous voulions effacer de notre histoire. C'était la doxa gaulliste, c'était la position de François Mitterrand. Jacques Chirac avait l'audace de passer outre.

Pour la première fois ? Pas tout à fait. Dans le livret qui regroupe les discours et messages de Jacques Chirac, maire de Paris, Premier ministre, président de la République, en hommage aux Juifs de France, je retrouve ces mots dans une allocution prononcée le 18 juillet 1986 à l'emplacement du Vélodrome d'Hiver – il est à l'époque Premier ministre et maire de Paris : « La France est la terre des droits de l'homme. Qu'un crime tel que celui que nous évoquons aujourd'hui ait été commis sur son sol, avec la complicité active de certains de nos concitoyens, est une injure faite à notre histoire et à notre génie. »

S'il est une constante dans la pensée de Jacques Chirac, c'est bien la détestation de l'antisémitisme, du racisme, de toutes les formes d'intolérance et de rejet de l'autre pour la seule raison qu'il est autre. Les discours se succèdent : en 1987 au Mémorial de la déportation des Juifs de France à Roglit, en présence d'Yitzhak Shamir, Premier ministre d'Israël ; en 1996 lors de la rencontre des anciens enfants de l'Œuvre de secours aux enfants (OSE) dans la Creuse ; en 1997 à l'occasion de l'inauguration de la Clairière des Justes à Thonon-les-Bains ; en 1997 encore au Mémorial du martyr juif inconnu ; en 2003 à l'Élysée lors du soixantième anniversaire du Conseil représentatif des institutions juives de France ; en 2004 au Chambon-sur-Lignon, « lieu de mémoire, lieu de résistance » ; en 2005, à l'occasion de l'inauguration du Mémorial de la Shoah à Paris ; le jeudi 27 janvier à Auschwitz-Birkenau ; en 2005 sur le parvis des Droits de l'homme à Paris pour la Journée nationale du souvenir des victimes et des héros de la déportation ; le 18 janvier 2007 à l'occasion de la Cérémonie nationale en l'honneur des Justes de France.

Il faut relire chacun de ces textes ; on y sent la même conviction, le même souffle, celui de l'engagement d'un responsable politique et plus encore la foi d'une personne humaine.

On reparle aujourd'hui de l'affaire Dreyfus, à l'occasion de la sortie du film *J'accuse*. Voici un bref extrait de la lettre de Jacques Chirac aux familles du capitaine Alfred Dreyfus et d'Émile Zola, publiée le 8 janvier 1998, un siècle après la parution, dans le journal *L'Aurore*, du texte de Zola : « Tache sombre, indigne de notre pays et de notre histoire, colossale erreur judiciaire et honteuse compromission d'État [...]. N'oublions jamais que celui qui fut réhabilité aux cris de "Vive Dreyfus" répondit d'une voix forte : "Non, vive la France." [...] Magnifique pardon, magnifique réponse : l'amour de la patrie contre l'intolérance et la haine. »

Ces discours m'ont rempli de fierté : le combat sans concession contre l'antisémitisme a toujours été mon combat. Les actes ont suivi, auxquels j'ai apporté mon concours.

À l'initiative du président de la République, je confie le 5 février 1997 à Jean Mattéoli, président du Conseil économique et social et ancien déporté résistant, la présidence d'une Mission d'étude sur la spoliation des Juifs de France. Un arrêté du 25 mars 1997 fixe les objectifs de cette Mission : « rechercher la destination que ces biens ont reçue depuis la fin de la guerre, déterminer dans la mesure du possible leur localisation et leur situation juridique actuelles, établir un inventaire des biens accaparés sur le territoire français qui sont encore détenus par les autorités publiques ». Lionel Jospin a confirmé la Mission en octobre 1997. *La Documentation française* a publié en 2000 les dix volumes de son rapport. Il en ressort une quinzaine de propositions parmi lesquelles la plus symbolique prévoit la création d'une Fondation pour la mémoire de la Shoah, financée par les fonds en déshérence. Une Commission d'indemnisation des victimes de spoliations a été également mise en place pour étudier les nouvelles demandes d'indemnisation émanant de victimes ou de leurs ayants droit. L'exemple a été suivi à Paris, à Lyon notamment, ainsi qu'à Bordeaux où, sur ma proposition, le conseil municipal a créé une Commission d'étude sur la spoliation des biens juifs durant la dernière guerre.

Au-delà de ce nécessaire travail de mémoire, c'est l'action politique tout entière de Jacques Chirac qui témoigne de sa volonté de combattre l'antisémitisme et le racisme. À preuve la détermination avec laquelle il a toujours refusé toute espèce de compromission ou de compréhension envers l'extrême droite française et le Front national de Jean-Marie Le Pen dont on connaît la culture antisémite. Dans les rangs du RPR, la tentation s'est parfois exprimée de travailler à une sorte « d'union des droites » qui n'était pas autre chose qu'une alliance avec le FN. Pasqua, à plusieurs reprises, en 1988, exhorte Jacques Chirac : « Il faut que tu voies Le Pen. » Et Chirac rapporte qu'à la même époque, « Édouard Balladur vient [lui] expliquer à son tour, en y mettant les formes avec sa subtilité coutumière, qu'il est devenu indispensable de s'entendre, d'une manière ou d'une autre, avec le FN ». Nous avons toujours combattu cette tentation avec une farouche constance. Nous en avons payé le prix, par exemple lors des élections législatives de 1997. Le journal *Libération* a titré le 27 mai : « Plus de 100 triangulaires, un record. Le FN sera présent dans les trois quarts des cas, ce qui profitera surtout à la gauche. » Pronostic confirmé au deuxième tour qui s'est joué serré (48,25 % des voix à la gauche plurielle, 46,04 % à la majorité présidentielle...).

Sur l'action de mon gouvernement, je voudrais simplement partager avec vous quelques vérités.

Avons-nous trahi, ai-je trahi vos promesses de campagne et la plus emblématique d'entre elles : la réduction de la « fracture sociale » ? On nous a fait ce reproche, dans la presse ou dans « notre » majorité. Il est injuste.

L'une des premières initiatives de mon gouvernement fut la création du « contrat initiative emploi » que le journal *Les Échos* présentait en juin 1995 comme « la mesure phare du programme de Jacques Chirac ». C'était votre arme contre le chômage de longue durée, véritable fléau que les gouvernements successifs avaient tant de mal à combattre. Elle fut mise en œuvre en un temps record, avec un double objectif : être plus simple que les dispositifs existants, et surtout plus incitative grâce à une prime mensuelle forfaitaire de 2 000 francs (un peu plus de 300 euros) et une exonération totale des cotisations patronales sur la partie du salaire inférieure au Smic. Lorsque je signai le premier CIE dans une agence de ce qu'on appelait encore l'ANPE, j'eus le sentiment du devoir accompli.

Mais une autre réalité s'imposa vite à moi : celle des contraintes budgétaires auxquelles nous allions avoir à faire face, plus dures encore que nous ne l'avions anticipé. Le « trou de la sécu » était vertigineux, vous donnez le chiffre que vous qualifiez d'« abyssal » dans vos *Mémoires* : 250 milliards de francs[2] (près de 40 milliards d'euros). J'avais dit « calamiteux », ce qui avait hérissé le poil de nos prédécesseurs. La remise en ordre des finances publiques s'imposait en urgence, d'autant qu'approchait la date à laquelle nous devrions respecter les critères de Maastricht et nous qualifier pour la monnaie unique. Je n'y allai pas avec le dos de la cuillère : dès l'été 1995, je soumis au Parlement un projet de loi de finances rectificative qui taillait dans les dépenses et augmentait les impôts : l'impôt sur les sociétés, l'impôt de solidarité sur la fortune, et même la TVA dont le taux normal passa de 18,6 à 20,6 %, pour maintenir le déficit courant du budget de l'État à… 320 milliards de francs (50 milliards d'euros environ). Ce plan de redressement était aussi impopulaire que nécessaire. Vous m'avez laissé faire. Mieux, vous avez assumé en affirmant : « Nous sommes sur le bon chemin. » Les turbulences sur le franc se calmèrent en effet. Curieusement, ce n'est qu'à l'automne que la presse se mit à parler du « virage de la rigueur », plus précisément le soir du 26 octobre 1995. Interrogé sur France 2 par Alain Duhamel, vous affirmez à cette occasion votre détermination à réduire les déficits publics, réduction

2. Jacques Chirac, *Mémoires*, t. 2, *Le Temps présidentiel*, *op. cit.*, p. 87.

nécessaire, ajoutez-vous, « pour entrer dans la monnaie unique européenne ». J'étais en province ce soir-là et je me souviens d'avoir appelé Maurice Gourdault-Montagne pour constater, avec lui, que nous étions bien dans la ligne. « Rien de bien nouveau en somme ! » Quelle ne fut pas ma surprise quand je découvris le lendemain les commentaires tonitruants sur le changement de cap de la politique gouvernementale ! Pour moi, le cap était pris depuis plusieurs mois déjà, depuis fin mai en vérité. Pour vous aussi, je vous cite : « Le choix de la rigueur est fait à ce moment-là. » Mystères de la mise en scène médiatique qui crée de la nouveauté là où il n'y en a pas.

J'étais arrivé à Matignon fort d'un taux de popularité rarement égalé par un nouveau Premier ministre. Cela ne dura pas. Outre le « virage » de la rigueur, et avant même la crise de décembre, deux événements, d'importance très différente, contribuèrent à ma chute dans les sondages. D'abord la querelle qu'on me chercha à propos de l'appartement que j'occupais dans le domaine privé de la Ville de Paris. Ce n'était pas un logement social, ni par ses caractéristiques ni par son loyer. Peu importe ; certains arguments sont inopérants face à la puissance de la vague médiatique. Je déménageai donc mais j'assortis ma décision d'une déclaration à la télévision qui me colle toujours à la peau : « Je suis droit dans mes bottes. » Je voulais ainsi affirmer ma détermination à poursuivre ma tâche dès lors que la confiance que vous m'accordiez n'était pas en cause. Les commentateurs et une grande partie de l'opinion y virent une manifestation insupportable d'arrogance. Je n'ai aucun regret. Je continue à penser que, dans certaines fonctions, il vaut mieux être droit dans ses bottes que mou dans ses baskets.

Vous avez feint de n'attacher aucune importance à ce qui n'était apparemment à vos yeux qu'une péripétie. C'est du moins ce que vous m'avez dit. *De minimis non curat praetor*... Mais, en réalité, vous aviez compris que, derrière mon attitude bravache, j'encaissais difficilement le coup. « Je sens Alain Juppé plus affecté qu'il ne veut le montrer, écrivez-vous, et aussi blessé qu'indigné par ces accusations dont il sait, comme moi, qu'elles n'ont d'autre but que d'entraver l'action de son gouvernement. Mais ceux qui ont sans doute espéré pouvoir ainsi altérer ma relation de confiance avec le Premier ministre se sont grandement trompés. J'ai plus que jamais la conviction qu'Alain Juppé est bien le chef de gouvernement dont la France a besoin en cette période cruciale de son histoire[3]. » Belle résilience, comme on dirait dans la langue d'aujourd'hui.

En revanche, l'autre affaire vous intéressa bigrement : je veux parler du remaniement ministériel de novembre 1995 qui donna naissance au gouvernement Juppé II. Je sentais le besoin depuis plusieurs semaines d'élargir la base politique de mon équipe. Le moins que je puisse dire, c'est que vous ne vous étiez pas montré, en mai, très ouvert à la nomination de « balladuriens » dans mon premier gouvernement. Je n'avais pas insisté. Avec le temps, vous aviez pris conscience que ma tâche n'en était pas facilitée. Vous avez donc accepté l'arrivée de plusieurs personnalités qui ne vous avaient pas soutenu pendant la campagne

3. *Ibid.*, p. 94.

présidentielle. Mais je tenais à ne pas grossir encore une équipe pléthorique. D'où le casse-tête : qui faire sortir ? Le couperet s'abattit sur des ministres qui n'avaient pas démérité mais qui n'avaient pas de poids politique personnel, c'est-à-dire, en majorité, sur les « juppettes », ces femmes de qualité que j'étais allé chercher non dans les partis politiques où elles étaient rares à l'époque mais dans la société civile. Catastrophe : le nombre de femmes passa de douze à… quatre ! On oublia les douze pour ne plus parler que des quatre, ce qui me valut une réputation de machisme, je crois imméritée. Depuis, je me suis réconcilié avec la plupart des « évincées ». Ce fut plus difficile avec quelques-uns des hommes qui furent aussi victimes du remaniement. Tel ou tel en éprouve encore une rancune tenace à mon égard. Ils sont plus indulgents pour vous. Petite injustice car vous aviez bien sûr validé tous mes choix.

Le ver resta néanmoins dans le fruit. Faute d'avoir dissous l'Assemblée au lendemain de votre élection à la Présidence de la République, vous traîniez, et moi avec vous, une majorité parlementaire qui n'était pas vraiment la nôtre. Vous auriez dû suivre l'exemple de Mitterrand en 1981 et en 1988. Mais, pendant votre campagne, vous aviez promis aux députés, pour les rassurer, de ne pas les renvoyer devant leurs électeurs. Promesse qui vous valut sans doute quelques soutiens supplémentaires en 1995 mais, à nous deux, bien des tensions jusqu'à la dissolution de 1997. Nous nous sommes en fait trompés de dissolution. J'en prends ma part de responsabilité. Je n'aurais pas dû accepter d'aller à Matignon avec des troupes dont la qualité première n'était ni la fidélité, ni la cohésion.

Dès l'été 1995, vos conseillers et les miens ont commencé à préparer ce qui était à mes yeux l'une des réformes fondamentales dont notre société avait besoin : celle de l'assurance maladie pour garantir aux Françaises et aux Français le meilleur système de santé possible. Nous y travaillâmes d'arrache-pied pendant plusieurs mois avec les ministres concernés mais aussi avec les partenaires sociaux. Parmi ceux-ci, certains s'engagèrent en soutien au projet du gouvernement et constituèrent même une force de frappe dénommée « Vigi-Sécu » où l'on retrouvait la CFDT avec sa secrétaire générale Nicole Notat, la Mutualité française avec Jean-Pierre Davant et un syndicat de médecins MGFrance du docteur Richard Bouton. D'autres furent plus circonspects avant de basculer dans une hostilité militante, en tête Marc Blondel, nouveau secrétaire général de Force ouvrière.

## *Blondel et Notat, deux visages du syndicalisme*

Nous attachions tous le plus grand prix aux conseils avisés d'André Bergeron qui avait animé Force ouvrière avec autorité pendant près de quatre décennies. Jacques Chirac n'avait pas oublié qu'il avait négocié avec lui les accords de Grenelle qui, en 1968, avaient mis un terme aux grèves de mai. Son successeur ne lui ressemblait guère. Autant le premier était chaleureux, tout en finesse, et sincèrement antimarxiste, autant le nouveau, Marc Blondel, tenant d'un syndicalisme revendicatif, était d'un commerce rugueux. Mais Jacques Chirac avait eu à Paris de bonnes relations avec lui ; il avait veillé à ce que l'installation de FO dans son nouveau siège parisien soit facilitée et il m'avait chargé de veiller au bon déroulement des procédures administratives. Il appréciait même « la compagnie » de cet homme « truculent, tonitruant, intransigeant dans ses convictions[4] »... tout en reconnaissant qu'il était resté « prisonnier d'une conception du syndicalisme limitée au rapport de force traditionnel avec le patronat et le gouvernement[5] ». J'en fis rapidement l'expérience et je trouvai face à moi un adversaire résolu à ma réforme de l'assurance maladie. Nos relations devinrent très conflictuelles. Jacques Chirac a très bien diagnostiqué les causes du mal : fondamentalement un enjeu de pouvoir qu'il décrit en ces termes : « Blondel prend la tête de la contestation avec d'autant plus de véhémence que son syndicat, principal gestionnaire des caisses d'assurance maladie, est directement menacé par le projet gouvernemental d'en prendre le contrôle[6]. » À cela s'ajoutait une perceptible incompatibilité d'humeur entre nous. Je n'ai compris que plus tard que j'incarnais sans doute aux yeux de Marc Blondel la caricature

4. *Ibid.*, p. 103.
5. *Ibid.*
6. *Ibid.*

du technocrate né coiffé, insensible à la détresse des pauvres et des gens fragiles. Je m'en suis aperçu en lisant une lettre manuscrite de plusieurs pages qu'il m'a envoyée trois ans plus tard au lendemain du décès de mon père. Il avait découvert que je n'étais pas issu de la grande bourgeoisie parisienne mais d'un milieu plus modeste de province ; il me confiait que l'émotion qu'il avait perçue chez moi dans le deuil l'avait amené à réviser son jugement sur mon caractère. Cela m'avait touché. J'ai eu tort de ne pas le lui dire avant sa mort en 2014.

J'ai peu de choses à ajouter au portrait que Jacques Chirac trace de Nicole Notat : « Femme d'exception au caractère de fer, tenace, inflexible et courageuse [...]. Résolument réformiste, mais dénuée de tout esprit idéologique, elle croit à la possibilité de faire évoluer la société et de transformer l'économie par le dialogue et la concertation[7]. »

Courageuse en effet, j'ai pu le vérifier. Elle a tenu bon dans le soutien qu'elle a apporté à ma réforme de l'assurance maladie, alors même qu'une partie de ses troupes ne cachait pas ses réticences. Elle m'entraîna un jour dans un congrès de la CFDT et déambula avec moi entre les stands que tenaient les délégations régionales de l'organisation. Le moins qu'on puisse dire, c'est que ma présence ne souleva pas l'enthousiasme. Je sentais des regards hostiles me dévisager : « Mais que vient-il faire ici ? » Nicole assuma de bout en bout.

7. *Ibid.*, p. 102.

Réformiste, porteuse d'une « vision des relations sociales très en avance sur son temps », comme l'écrit aussi Jacques Chirac. Après que j'eus quitté Matignon et elle-même le secrétariat général de la CFDT, nous avons continué à nous voir de loin en loin. À l'occasion d'un déjeuner amical, j'aimais l'interroger sur son travail à la tête de Vigeo, cette agence de notation sociale et environnementale nouvellement créée. Je connaissais les agences de notation financière qui avaient depuis longtemps pignon sur rue et dont les verdicts étaient attentivement scrutés par les dirigeants d'entreprise et les opérateurs en Bourse. Je découvrais en l'écoutant la méthode que suivaient ses équipes pour évaluer et noter ces mêmes entreprises au regard de la qualité de la gestion de leurs ressources humaines, de l'impact de leurs activités sur l'environnement ou de leurs rapports avec la société civile et le respect des droits de l'homme. La notation sociale et environnementale a pris aujourd'hui toute sa place dans l'économie moderne.

Ma réforme de l'assurance maladie était ambitieuse, systémique comme on dirait aujourd'hui. Il s'agissait non seulement d'apurer la dette abyssale de la Sécurité sociale mais de rénover profondément l'organisation de notre système de santé autour d'une idée directrice : rechercher la pertinence des soins pour parvenir à une maîtrise des coûts.

Je présentai la réforme en prononçant le 15 novembre à la tribune de l'Assemblée nationale un discours qui me valut une *standing ovation* au-delà même des rangs de la majorité. Je tenais la revanche de mon discours raté de politique générale quelques mois plus tôt.

Je relis avec intérêt un article de Sylvie Pierre-Brossolette dans *L'Express* du 16 novembre 1995 qui me « donne dix jours pour convaincre ». Elle y raconte les états d'âme des séguinistes et des balladuriens. Elle conclut : « Quand certains visiteurs viennent conseiller à Jacques Chirac de prendre du recul et de ne pas faire les RP (relations publiques) de Juppé, il change de sujet. Le Premier ministre doit rester au moins un an. Et le président souhaite qu'il réussisse, ne serait-ce que pour préserver sa propre image à lui, Chirac. »

Calcul ou conviction ? Je ne vous ai pas senti prendre du recul ni me retirer votre soutien pendant la période ô combien difficile qui a suivi. À l'Élysée, vos collaborateurs avaient été étroitement associés à la conception même de mon projet.

Une fois dissipée l'euphorie du 15 novembre, j'eus à faire face à une crise qui est encore présente dans tous les esprits. On parle encore en 2019 des « grandes grèves de décembre 1995 ».

J'ai commis au moins deux erreurs.

Quelques jours avant de prononcer mon discours, j'en avais envoyé une copie à André Bergeron qui venait juste de quitter la direction de FO et à Nicole Notat qui avait engagé la CFDT en faveur de ma réforme. J'avais confiance dans leur jugement. Tous deux me donnèrent le même conseil : « Sur l'assurance maladie, allez-y ! Le projet tient la route. On vous soutient. En revanche ne vous avancez pas sur les retraites, ne parlez pas des régimes spéciaux, vous n'êtes pas prêt, le terrain n'est pas déminé. » Ils avaient raison. Emporté par mon enthousiasme réformateur, je n'ai pas suivi leur conseil, j'ai conservé la phrase qui évoquait « la nécessaire réforme des régimes spéciaux de retraite », je mis ainsi le feu aux poudres. Vous connaissez la suite. La grève fut massive et paralysa le pays. J'en sortis en renonçant à toute idée de réforme des régimes spéciaux... toujours en chantier en 2020 ! Je parvins à un accord avec les organisations syndicales, FO et CGT en tête, quelques heures avant Noël. Une fois échangées les signatures, Marc Blondel, qui avait mené l'offensive, me lança jovialement cet appel qui paraîtrait totalement incongru aujourd'hui : « Maintenant, monsieur le Premier ministre, vous pouvez faire apporter les cigares et l'armagnac. »

À aucun moment, je n'ai senti que vous me lâchiez. Tout juste émettrez-vous, avec le temps, une prudente réserve : « J'ai parfois mis en garde Alain Juppé contre le danger de "trop charger la barque". Les Français sont toujours désireux et même impatients de voir se réaliser de grandes réformes, mais spontanément allergiques à celles qui menacent de bousculer de près ou de loin leur confort ou leurs intérêts[8]. » Je n'avais pas encore atteint ce degré de sagesse. J'avais besoin de votre soutien car l'épreuve fut rude. Les grévistes brûlaient régulièrement mon effigie en place publique, notamment à Bordeaux devant le palais

8. *Ibid.*, p. 93.

Rohan. Je faisais le fier en prétendant que je ne ressentais aucune douleur. En fait je souffrais. Je n'aime pas être cloué au pilori. Qui aime ? Heureusement nos équipes, à l'Élysée, à Matignon, dans les cabinets des ministres concernés, restaient soudées. Je vous rendais compte quotidiennement sans avoir le sentiment d'être placé sous surveillance. Votre calme m'impressionnait. Je sentais que je pouvais m'appuyer sur vous. Pourtant vous deviez recevoir de fréquents encouragements à vous débarrasser d'un Premier ministre aussi encombrant. Les sondages ne vous ébranlaient pas davantage : « Si j'en crois les études d'opinion, constatiez-vous, ma cote de popularité, comme celle du Premier ministre, connaît une chute spectaculaire. J'en prends acte sans trop m'en émouvoir, n'ayant pas pour habitude de gouverner selon les sondages. »

J'ai commis une deuxième erreur : je me suis mis à dos les médecins. Je voulais les embarquer dans ma réforme en leur proposant de rechercher ensemble la bonne manière de progresser dans la maîtrise médicalisée des dépenses de santé. Je croyais leur adresser un message de confiance en les mettant face à leurs responsabilités. Je leur disais en substance : « Vous seuls êtes à même de juger de la pertinence des soins, des dépenses médicalement utiles et de celles qui le sont moins. Engagez-vous. » Las ! j'eus la mauvaise idée de les menacer d'une sanction financière s'ils dépassaient l'objectif chiffré que la Sécu leur assignait. Ce n'était plus, dans leur esprit, de la maîtrise médicalisée mais de la maîtrise comptable qu'ils refusèrent en bloc. Leur vindicte me poursuivit longtemps, jusqu'aux élections législatives de 1997 : nombreux furent ceux qui affichèrent dans leur cabinet la photographie des parlementaires qui avaient soutenu « le plan Juppé » et qu'ils appelaient à battre. Les efforts de quelques amis qui mirent toute leur énergie à défendre mon plan au plus près du terrain n'y changèrent rien. Je pense tout particulièrement à Bernard Accoyer, médecin de son état, qui fit une courageuse campagne.

L'idée s'est définitivement installée dans la presse et même dans l'opinion que j'ai cédé devant la rue et que j'ai renoncé à toutes mes réformes. Je m'efforce en vain de rétablir la vérité. Oui, j'ai retiré la réforme des régimes spéciaux de retraite. Non, je n'ai pas abandonné la réforme de l'assurance maladie dont subsistent des pans entiers aujourd'hui. J'ai lu avec quelque délectation cette proclamation du député Olivier Véran, désormais ministre de la Santé, au tout début du rapport qu'il a présenté sur le projet de loi de financement de la sécurité sociale pour 2020, je le cite : « Le rapporteur général de la Commission des affaires sociales [lui-même, Olivier Véran] souhaite rappeler à titre liminaire l'attachement viscéral qui est le sien à cet exercice [l'examen de la LFSS] qui allie avec succès, depuis plus de vingt ans, présentation exhaustive des comptes et consécration des grandes mesures sociales portées par le gouvernement et la majorité ; transparence sur les exercices passés comme à venir, dans une logique de chaînage vertueux ; et enfin respect de l'histoire française de la démocratie sociale et exigence de responsabilité politique sur ces enjeux décisifs pour la vie de tous les Français. »

« Attachement viscéral », « chaînage vertueux »... je n'en attendais pas tant !

⤙o⤚

Je voudrais rendre ici hommage à Jacques Barrot. Il a été le ministre du Travail et des Affaires sociales de mes deux gouvernements, Juppé I et Juppé II. Et j'aime appeler « ordonnances Barrot » les textes qui, au printemps 1996, ont inscrit dans le droit positif la réforme de l'assurance maladie que j'avais présentée au Parlement en novembre 1995 et qui a donc été faite. Il lui a fallu beaucoup de talent : de la compétence en des matières techniquement difficiles, de la ténacité face aux résistances et aux corporatismes, mais aussi de l'habileté tactique. Il avait toutes ces qualités au plus haut point et je sais que Jacques Chirac l'appréciait. Il est de bon ton, parmi les hommes politiques « de droite », de se moquer du manque de caractère des « centristes ». L'expérience m'a convaincu que, chez un homme ou une femme politique, la solidité de la colonne vertébrale n'est pas fonction du positionnement sur l'échiquier des partis. J'ai retrouvé Jacques Barrot au moment de la création de l'UMP. Il a tout de suite adhéré à notre projet et son aide a été précieuse quand il a présidé le groupe de la nouvelle formation à l'Assemblée nationale. Ce n'était pas un mince défi que de faire vivre ensemble députés gaullistes, libéraux et centristes. Il y est parvenu avec bonheur. Sa fibre sociale, son enracinement dans sa terre de Haute-Loire, mais aussi son engagement européen m'inspiraient tout naturellement estime et amitié. Il est mort d'une crise cardiaque sur le quai du métro en se rendant au Conseil constitutionnel dont il a été membre près de cinq ans. J'en ai éprouvé de la peine. Je suis heureux de savoir que son fils Jean-Noël a repris le flambeau et siège aujourd'hui à l'Assemblée nationale comme député de la 2e circonscription des Yvelines.

Dans quelle disposition d'esprit étiez-vous dans les premiers mois de 1996 ?

Nous échangions rarement sur nos états d'âme. Nous étions pleinement dans l'action. Cela dit, nous ne pouvions pas ne pas nous poser, vous et moi, la question de l'image du Premier ministre que vous aviez chargé de conduire votre gouvernement et de mettre en œuvre votre politique. Je ne suis pas allé rechercher sur Google, ou ailleurs, les sondages de popularité de l'exécutif à cette époque. Je n'ai pas oublié qu'ils n'étaient pas bons. J'étais parti de très haut et j'étais tombé très bas. André Santini, député UDF, très balladurien à l'époque, indéracinable maire d'Issy-les-Moulineaux et spécialiste des bons mots qui lui ont valu tant de prix de l'humour politique, m'avait exécuté d'une de ces méchancetés fulgurantes dont il a le secret : « Juppé, à force de descendre, il va finir par trouver du pétrole ! » Je cite de mémoire.

Vous avez toujours aimé vous entourer de conseillers en communication. C'est une de nos différences. Je m'en méfie. À tort évidemment. On vous reprochait souvent de ne pas être à l'aise dans les médias. Alors vous faisiez l'effort d'écouter les spécialistes. Vous avez pensé que je devrais faire de même et vous m'avez donc envoyé Jacques Pilhan. Curieux cheminement que celui de cet homme peu connu du grand public malgré l'influence qu'il eut sur François Mitterrand d'abord, puis sur votre cercle rapproché. On lui prêtait cette maxime : « L'intelligence, c'est la simplicité », ce qui me le rendait *a priori* sympathique. Je l'ai donc reçu à votre demande et il m'a prodigué ses conseils. Son approche était tout en finesse, apparemment modeste dans ses ambitions mais pointant utilement mes défauts. Il m'incitait à plus d'empathie avec « les gens », à moins de raideur technocratique… à plus de simplicité. Toutes recommandations qui avaient le don de m'horripiler. Sans doute parce que je les sentais en bonne part justifiées. Je l'ai pourtant revu souvent. Je savais qu'il travaillait en confiance avec votre fille Claude dont j'admirais le rôle discret mais efficace à vos côtés. L'ai-je écouté ? Je n'en suis pas sûr. Il a prématurément disparu en 1998.

En tout cas, ma courbe de popularité ne s'est pas redressée. Et les troupes ont commencé à renâcler. Je garde un mauvais souvenir des Journées parlementaires qui se sont tenues au Havre à la fin du mois de septembre 1996. À la tribune, Édouard Balladur m'incita à aller plus loin sur le chemin des réformes. Philippe Séguin préféra garder un silence… éloquent. Le député de Loire-

Atlantique Étienne Garnier, grande gueule sympathique, franchit la ligne rouge en déclarant que j'étais « un Premier ministre irréparable », et en ajoutant à votre intention : « Seul demeure en France un personnage politique : le chef de l'État. »

J'avais senti venir le coup et je vous avais demandé de remettre de l'ordre dans la majorité. Vous aviez chargé de cette mission le président du groupe Michel Péricard, un de vos fidèles, un de mes amis. Voici le compte rendu qu'en donne le journaliste Gilles Bresson dans *Libération* : « Par un coup de fil impromptu à Michel Péricard, le président du groupe gaulliste à l'Assemblée nationale, Jacques Chirac s'est invité, hier, aux journées parlementaires RPR. Le temps d'un coup de gueule destiné à soulager un peu un Alain Juppé méchamment canardé ces derniers jours par la majorité. Le chef de l'État a exprimé son "indignation" devant les "écarts de langage de certains parlementaires" qui s'en prennent à son Premier ministre, et il a tenu à ce que cela se sache. »

Dans la foulée et pour me requinquer, je vous ai demandé d'engager la responsabilité de mon gouvernement devant l'Assemblée nationale et de solliciter un vote de confiance au Sénat. Façon de mettre les frondeurs au pied du mur. Ce que vous avez accepté et qui fut fait. Le socialiste Laurent Fabius résuma cruellement la situation : « Le Premier ministre demande à sa majorité la confiance parce qu'il n'en a aucune en elle. Cette majorité va voter la confiance alors qu'elle n'en a aucune en lui. »

Je payais sans aucun doute le prix de mes erreurs. Mais je payais surtout celui du vice constitutif de « notre » majorité : sa division profonde entre chiraquiens et balladuriens. Édouard Balladur, tout en reconnaissant que « nous n'avons pas de politique [économique] de rechange », me reprochait de ne pas tenir compte de la « diversité » de la majorité et de vouloir lui imposer des projets dont elle ne veut pas. Ambiance !

Mon ardeur à la tâche ne faiblissait pas. Mais enfin, j'essayais de garder toute ma lucidité. Je ne voulais pas vous entraîner dans ma chute. Je remis donc, selon la formule consacrée, mon mandat à votre disposition. Sans hésiter, vous m'avez renvoyé dans mes buts : « Il n'en est pas question, avez-vous tranché, ce n'est pas ma conception des choses. Pour moi, l'idéal est que le Premier ministre accompagne le Président tout au long de son mandat, du moins le plus longtemps possible. [...] Je veux que vous restiez à mes côtés ! » Fermez le ban !

Pourquoi ? Je ne sais pas. En partie par affection ? Je le crois. Mais vous êtes un animal politique à sang-froid. Par calcul aussi parce que vous n'aviez ni politique alternative ni Premier ministre de rechange. Certes Séguin était en embuscade et laissait dire que le fruit était mûr. Mais les raisons qui vous avaient conduit à l'écarter en 1995 restaient sans doute opérantes dans votre esprit.

L'idée me vint, ou plutôt vous me fîtes suggérer, notamment par Jacques Pilhan, d'écrire un livre pour m'expliquer avec les Français. C'est une habitude chez nos responsables politiques, et le peu de succès de leur production littéraire, à quelques rares exceptions près, ne les décourage pas. Je me mis au travail avec notre ami Denis Tillinac, fervent gaulliste et gascon plein de panache, que vous aviez convaincu de m'apporter son aide ; il en sortit un bref ouvrage d'à peine plus de cent pages que j'ai baptisé *Entre nous*. Dans mon esprit, c'était un essai de nature presque intimiste dans lequel j'allais tenter d'ouvrir mon cœur à mes concitoyens. Et je commençais par expliquer pourquoi : « Je marche à grands pas rue Sainte-Catherine, [...] à Bordeaux. Le secteur piéton est très animé, en cette fin d'après-midi. [...] J'aperçois un couple qui vient vers moi. Plutôt jeune. Allure branchée. Belle femme. Ils paraissent sympathiques. Au moment où ils me croisent, la femme bondit comme un cabri. Elle crie : "Mort au con !" On met généralement l'expression au pluriel. Spontanément je la mets au singulier. J'étais visé, il n'y a aucun doute. Jolie passante, j'ai eu envie de vous répondre... »

Au terme de ma réponse, dont je vous fais grâce, je conclus ainsi : « Le soir – tard – quand j'ai refermé le dernier dossier, je prends la mesure de ma solitude. Elle est le lot de tout homme public. Pourquoi cacher que l'impopularité la rend plus éprouvante ? La conscience de faire pour le mieux est un faible exutoire pour qui souhaite, sinon être aimé, du moins être compris. »

Ai-je eu raison de me livrer ainsi ? J'y ai pris plaisir. J'aime écrire. Vous m'avez félicité. Mon livre a obtenu un petit succès d'estime. Mais ma courbe de popularité ne s'est pas redressée.

Alors nous avons continué. J'ai été heureux de continuer avec vous. Avec un objectif précis en ligne de mire : qualifier la France pour le passage à l'euro au 1er janvier 1999.

Comment a germé, fin 1996, début 1997, l'idée d'une dissolution anticipée ? On connaît aujourd'hui la fin de l'histoire et plus personne n'oserait revendiquer la paternité de cette initiative. Mais dans le feu de l'action ? Je ne sais pas vraiment répondre à la question. On a commencé à en parler dans les « entourages ». On voyait bien qu'il fallait un électrochoc pour redresser la barre. Vous aviez refusé de changer de Premier ministre. Il restait peu d'alternatives. Et puis les sondages électoraux n'étaient pas défavorables ; ils nous promettaient même la victoire. Aujourd'hui, c'est un concert de critiques et de condamnations… comme si nous nous étions décidés en sachant que nous allions dans le mur. Non ! Nous pensions gagner ! Le ministre de l'Intérieur, Jean-Louis Debré, en qui vous avez toujours eu grande confiance, nous confirmait la probabilité de cette victoire, il est vrai « de justesse ». Vous n'étiez, au départ, guère enthousiaste. Des politiques chevronnés vous mettaient en garde. Nous étions en fait très partagés. Je ne dresserai pas, avec le recul, la liste des « pro » et celle des « anti », de crainte de commettre de grossières erreurs. Moi-même, j'étais hésitant. Finalement, nous nous sommes laissés séduire. Ce qui me fit basculer, c'est la volonté de tenir au peuple français un discours de vérité : « Il est de l'intérêt de la France, voulais-je dire à nos compatriotes, de se qualifier pour la monnaie unique qui doit entrer en vigueur au 1er janvier 1999, les pièces et les billets circuleront en 2002 ; nous avons été élus pour réussir ce passage ; or, malgré les progrès réalisés depuis deux ans, nous ne sommes pas tout à fait prêts ; il nous faut donner un dernier coup de collier, notamment pour maîtriser nos déficits ; pour cela, nous avons besoin de votre soutien et de votre confiance et c'est pour cela que nous revenons devant vous. »

Était-ce un discours vendable électoralement ? On nous a mis en garde contre le risque que nous prenions en plaçant le débat sur le terrain européen, peu porteur chez les Français. « On » ? Les eurosceptiques qui n'avaient pas disparu autour de vous, et les conseillers en communication, l'œil fixé sur les enquêtes d'opinion.

Résultat ? L'argument européen évacué, que restait-il à dire aux Français(e)s pour les convaincre que nous avions de bonnes raisons de les appeler aux urnes ? Le gouvernement ne courait pas le risque d'être renversé, votre légitimité n'était pas en cause, et des élections devaient en toute hypothèse avoir lieu l'année suivante. Votre appel est tombé à plat. La dissolution a été dénoncée et est apparue comme une pure manœuvre politicienne. *A posteriori*, vous en convenez : « N'aurais-je pas dû dramatiser l'enjeu de cette élection en mettant davantage en avant nos engagements européens[9] ? » C'était ma conviction et je n'ai pas su vous la faire partager.

Si l'on ajoute que nos troupes sont allées au combat sans grand enthousiasme, on comprend le résultat. Vous n'aviez pas intérêt à jouer votre va-tout ; il fallait préserver l'avenir. Quant à moi, j'étais un chef de guerre sans vraie

9. *Ibid.*, p. 201.

légitimité puisque j'avais annoncé que, même en cas de victoire, je quitterais Matignon. Vous en aviez pris acte, à regret, conscient de l'amertume que j'en éprouvais malgré tout. Mais il fallait calmer la vindicte de tous ceux qui se voyaient calife à la place du calife et sacrifier une tête sur l'autel de l'impopularité. Quand j'ai comparu devant les dirigeants de la majorité, j'eus l'impression de me trouver devant une cour d'assises. On ne s'est pas précipité pour m'entourer dans mes meetings de campagne. Le seul souvenir qui me reste est celui d'une réunion à Strasbourg où François Bayrou m'avait amicalement accompagné. Nous avions terminé la soirée autour d'une roborative choucroute, affichant une bonne humeur de façade, très décalée dans la sinistrose ambiante de ce qui était encore la majorité.

Ce n'est pas sans émotion que je relis le constat que vous dressez « au terme d'une campagne trop longue qui a permis à l'opposition de s'unir et de s'affirmer quand la majorité sortante offrait le spectacle du désordre et de la confusion [...]. C'est un moment difficile pour Alain Juppé comme pour moi, qui suis toujours convaincu de détenir en lui le meilleur des Premiers ministres[10] ».

Ni vous ni moi n'aimons les effusions. Une phrase me suffit.

---

10. *Ibid.*, p. 203.

*Bref bilan*

Au moment de quitter mon bureau à Matignon le 2 juin 1997 et de passer le relais à mon successeur, j'ai remis à Lionel Jospin une brève note sur « la situation économique et financière » de notre pays. J'ai retrouvé cette note en triant mes papiers lors d'un récent déménagement. Je l'ai relue avec une certaine délectation.

Je rappelais d'abord dans quel état j'avais trouvé nos finances en mai 1995 : « Les déficits publics avaient atteint en 1993 et 1994, avec 5,6 % du PIB, leur niveau le plus élevé depuis plus de vingt-cinq ans [...] ; les taux d'intérêts étaient très élevés et marquaient un écart important avec les taux allemands. »

J'enchaînais : « La politique de réforme et de redressement conduite depuis deux ans et l'évolution de la conjoncture économique en Europe permettront au gouvernement issu des élections législatives de mai 1997 de bénéficier d'un contexte radicalement différent, même si à l'évidence le processus de transformation de notre économie et de retour à une croissance suffisante pour faire reculer nettement le chômage n'est pas achevé [...]. Les déficits publics sont revenus au voisinage de 4 % en 1996 [...]. La loi de finances et la loi de financement de la sécurité sociale pour 1997 [...] ont permis d'arrêter un niveau de déficit prévisionnel de 3 % du PIB, autorisant la participation de la France à la monnaie unique dès sa mise en place, au 1er janvier 1999. »

Bilan honnête, je crois. Inutile de dire que je n'ai eu aucun retour de Lionel Jospin, ni positif ni critique. C'est bien normal ! Il était bien normal aussi que le nouveau gouvernement recueillît, sans le dire, les fruits des efforts déployés de 1995 à 1997. Certes l'amélioration de la conjoncture a aidé ; l'économie française a connu, en tout cas, une nette embellie.

Ce n'est pas sans une surprise jubilatoire que, le 18 novembre 2019, à l'Élysée, à l'occasion de la remise de la Légion d'honneur à Jean Arthuis qui avait été mon ministre des Finances d'août 1995 à mai 1997 et donc l'un des artisans de ce redressement, j'ai entendu Emmanuel Macron déclarer, dans l'éloge qu'il faisait du récipiendaire : « Commença alors une des missions les plus difficiles et exaltantes de votre vie, et je dois le dire, beaucoup l'ont oublié aujourd'hui, mais l'un des défis aussi les plus exaltants que ce gouvernement avait à gérer : la préparation du passage à l'euro. Et sans le travail acharné de ces années, nous n'aurions pas aujourd'hui le luxe de discuter certaines des politiques et parfois de nous diviser autour de la table entre Européens. Vous avez réussi à l'époque la prouesse de baisser le déficit de 6 à 3 % du produit intérieur brut et, avec vos quinze homologues européens, vous êtes parvenus à la conclusion d'un pacte de stabilité et de croissance pour harmoniser les comptes publics de chaque État. Ce projet titanesque, que vous menez aux côtés du Premier ministre avec brio, était à la mesure de votre stature de bâtisseur, de réformateur. »

Fichtre ! « Prouesse », « projet titanesque »... mon ego a pris sa part du compliment. Comme quoi ce n'est pas toujours de vos « amis politiques » que vient la reconnaissance de vos mérites. À moins de ranger Emmanuel Macron dans la catégorie de mes amis...

IV

# DAMNATION ET RÉDEMPTION

*Au désert*

Juin 1997. Je commence ma traversée du désert. J'avais certes été réélu à l'Assemblée nationale, cette fois à Bordeaux, dans la deuxième circonscription de la Gironde. Je vous avais succédé depuis novembre 1994 à la présidence du RPR et j'assumais toujours cette responsabilité. Mais je portais le poids de notre défaite collective aux élections législatives. Que convenait-il de faire ? Vous m'avez d'abord conseillé de ne pas lâcher. C'est ce que vous aviez fait en 1988 après votre échec à l'élection présidentielle. J'hésitais. Je me sentais déstabilisé. J'avais envie de poser le sac. La pression se fit forte à l'intérieur du parti, de la part de ceux qui ne m'aimaient pas ou qui voulaient prendre la place, parfois de mes amis de naguère qui, « pour mon bien », m'incitaient à prendre du recul. Sarkozy était à la manœuvre. Vous m'avez assuré que « vous vivant », il n'entrerait pas rue de Lille. Cette mâle résolution ne suffit pas à me convaincre. J'avais vu juste : quelques semaines plus tard, le tandem Séguin-Sarkozy allait s'installer à la présidence et au secrétariat général du RPR.

C'est un des traits de votre caractère dont vous m'avez donné d'autres exemples : vous êtes souvent capable de la plus grande ténacité, mais vous n'aimez pas la brutalité des *mano a mano*. Je me suis parfois demandé si les colères légendaires de Séguin ne vous faisaient pas peur. Quant à Sarkozy, j'ai parfois eu quelque mal à comprendre votre attitude à son égard. Je sais que vous n'aviez en lui qu'une confiance limitée, et pour cause. Pourquoi dès lors l'avez-vous remis en selle en 2002, après votre réélection à l'Élysée ? Son échec sévère aux élections européennes de juin 1999 avait calmé ses ambitions. Provisoirement ! Au lendemain de ce scrutin, il vint déjeuner avec moi à Bordeaux pour me proposer de constituer un binôme et de repartir ensemble à la conquête du pouvoir. Timidement, je me risquai à lui dire : « Ne crains-tu pas que nous apparaissions comme deux *losers* ? » Je crus qu'il s'étranglait d'indignation.

Je n'ai pas le souvenir qu'il ait beaucoup mouillé la chemise pour vous pendant la campagne de 2002. Vous le nommez pourtant numéro 2 du premier gouvernement Raffarin, ministre de l'Intérieur, de la Sécurité et des Libertés locales. Il n'a pas tardé à en tirer, avec talent, tout le parti possible. Vos relations se sont tendues au point que lors de votre interview du 14 juillet 2004, vous l'avez recadré en affirmant sèchement : « Je décide, il exécute. » Il n'a pas été le seul à n'en rien croire. Quand je vous ai interrogé, après 2007, sur les raisons profondes de votre attitude à son égard, vous avez botté en touche ; vous n'aimiez pas ressasser le passé et, c'était tout à votre honneur, vous ne vouliez gêner en rien son action à la présidence de la République, fût-ce par des non-dits.

1997… pour l'heure, dans la foulée de la défaite électorale, je m'adressai au Conseil national du RPR en ces termes : « Nous venons de livrer une bataille importante. J'étais le chef de la majorité désigné pour conduire l'action. L'action a échoué. Il est normal, il est juste, il est en tout cas conforme aux usages de tirer maintenant les conséquences de cet échec, et, pour moi, de tourner une page. À Athènes comme à Venise, on exécutait les stratèges vaincus. Le progrès de la civilisation a heureusement adouci les mœurs politiques… »

En relisant aujourd'hui ce texte, je note en souriant que j'ai biffé la version dactylographiée qui parlait de « tourner LA page », pour réduire mes ambitions et ne tourner qu'UNE page.

Mais le 6 juillet, devant les Assises du mouvement que j'avais fait convoquer, je bus le calice jusqu'à la lie. Après avoir confirmé ma démission, j'exhortai nos militants en ces termes : « Soucieux de l'unité de notre Rassemblement et persuadé qu'il a toutes les qualités requises pour donner l'impulsion souhaitée, je vous appelle, toutes et tous, à faire confiance à Philippe Séguin. Il sait qu'il peut compter sur mon concours. »

Étais-je sincère ? Si je l'affirme, on ne me croira naturellement pas. Pourtant je n'ai jamais joué la politique du pire. Un peu amer sans doute et résigné. Mais après tout, vous étiez là pour tenir le cap.

Je retrouvai vite ma sérénité, et un peu plus, mon bonheur à Bordeaux en me lançant à corps perdu dans la transformation de « ma » ville. Vous avez toujours été attentif à ce que j'y faisais. Dans l'hommage qu'il vous a rendu après votre mort, le journal *Sud-Ouest* a publié les photos de quelques-unes de vos visites : par exemple celle de 1995 lors d'un meeting de ma campagne législative où l'on vous voit brandir « la » pomme ; ou celle de juillet 1999 dans un restaurant de la rive droite, *L'Estacade*, coincé entre Élie Baup, l'entraîneur, et Michel Pavon, le capitaine des Girondins qui venaient d'être sacrés champions de France, cette équipe « formidable, dynamique, chaleureuse qui mérite son sort » à vous en croire. J'admire, sur la photo, votre aisance avec Pascal Feindouno qui vous offre son maillot, à charge pour vous de le remettre au Président guinéen lors de votre prochain voyage à Conakry. Votre passion pour le football était pourtant de fraîche date.

J'ai une tendresse particulière pour votre photo dans le tramway de Bordeaux que vous m'aviez fait l'amitié de venir inaugurer en décembre 2003. J'étais fier de cette réalisation qui allait contribuer à changer la vie en ville. Depuis plusieurs semaines, les essais à blanc donnaient toute satisfaction. Catastrophe ! Le matin de votre visite, on m'annonce qu'une panne inexpliquée paralyse tout le réseau. Je crois qu'on a dû vous amener en voiture jusqu'à une rame immobilisée. Mais l'enthousiasme populaire, lui, était exact au rendez-vous. Plusieurs dizaines de milliers de personnes, selon le *Nouvel Obs*, vous ont réservé un « impressionnant bain de foule ». Vos paroles m'ont fait chaud au cœur : « Une ville qui bouge, disiez-vous, une ville où la qualité de vie va de pair avec le dynamisme économique et l'esprit d'innovation, une ville où la mise en relation des quartiers et la mixité sociale organisée sont les meilleurs remèdes pour fortifier le sentiment d'appartenance à une même communauté. » « Bien vu ! », pensais-je. Les journalistes politiques ne manquèrent pas d'y voir un signe de soutien, lui aussi politique. Le jugement du tribunal correctionnel de Nanterre dans l'affaire dite des emplois fictifs de la mairie de Paris devait tomber en janvier 2004. Votre présence à mes côtés me faisait chaud au cœur.

Après avoir quitté l'Élysée, vous êtes revenu à Bordeaux en 2009 pour dédicacer votre livre chez Mollat. Nous avons déjeuné à *La Tupina* ; vous n'aviez plus votre appétit légendaire, et vos pas sur les quais de la Garonne commençaient à se faire hésitants. Mais autour de vous, c'étaient toujours les mêmes manifestations d'affection populaire.

Pendant les années qui suivirent notre échec aux élections législatives « post-dissolution », je restai donc investi à plein temps dans mon mandat municipal. J'ai raconté, dans mon *Dictionnaire amoureux de Bordeaux*[1], tout le bonheur que m'a procuré cette tâche.

Mais, à l'époque, on admettait encore qu'un homme politique assume simultanément plusieurs « pleins-temps ». Je continuais évidemment à m'intéresser à la politique nationale. Je siégeais à l'Assemblée nationale en tant que député de la 2$^{e}$ circonscription de la Gironde et, en tant qu'ancien Premier ministre, j'étais membre de droit des instances dirigeantes de notre parti. J'observais d'un peu

1. Alain Juppé, *Dictionnaire amoureux de Bordeaux*, Paris, Plon, 2018.

loin votre cohabitation avec Lionel Jospin. Le moins que l'on puisse dire, c'est que ni vous ni moi n'avions *a priori* d'atomes crochus avec ce socialiste pur et dur. Mais vous avez su le gérer ; vous aviez fait, entre 1986 et 1988, vos classes de « cohabitant » avec François Mitterrand qui ne manquait jamais une occasion de vous jeter une peau de banane sous les pieds. J'ai le sentiment que, malgré d'inévitables tensions, la vie fut pour vous moins rude dans la seconde partie de votre septennat. Lionel Jospin, lors d'une récente rencontre, m'a rappelé que tout au long de ces cinq années, vous avez eu à cœur, vous et lui, de parler d'une seule voix, celle de la France, sur la scène européenne et internationale. Quant à moi, j'ai peu à peu perdu le ressentiment que j'éprouvais envers le vainqueur de 1997. Le temps passant et les voyages aidant, je parvins même à parler avec lui sans crispation particulière. J'évoque les voyages. En fait, un voyage. J'ai en tête celui que nous fîmes en 2013 pour assister à l'inhumation de Nelson Mandela dans son village de Qunu, dans la province sud-africaine du Cap-Oriental où le président Hollande nous avait dépêchés pour représenter la France. Nous avons passé une bonne douzaine d'heures côte à côte dans un Falcon de la République, ce qui nous a laissé le temps d'échanger anecdotes et réflexions. Sur la politique, sa grandeur et ses servitudes ; sur la France, ses atouts et ses faiblesses ; sur le monde, sa beauté et ses périls. Clin d'œil savoureux de l'h(H)istoire : j'ai repris en 2019 son bureau au Conseil constitutionnel où ses collègues gardent de lui le souvenir d'un homme courtois et consciencieux.

## *L'UMP*

Au fur et à mesure que nous nous rapprochions de l'élection présidentielle de 2002, il apparaissait de plus en plus clairement que le match vous opposerait à Lionel Jospin, Premier ministre sortant, avec Jean-Marie Le Pen en embuscade. J'acquis très tôt la conviction que, si la droite et le centre allaient divisés à la bataille, le pire devenait possible. Je me mis donc en tête de rassembler gaullistes, libéraux et centristes pour constituer une large force politique capable de vous porter à la victoire. Je sous-estimais la difficulté de l'entreprise. Les chefs des partis en place accueillirent l'initiative sans enthousiasme, voire avec une franche hostilité. Ce fut notamment le cas dans le plus structuré d'entre eux, le RPR, où s'installa très vite, chez les uns, la peur de perdre sa place, et, chez d'autres, la hantise que ce nouveau parti soit la rampe de lancement, après vous, du « meilleur d'entre nous ». J'eus aussi des appuis, parmi vos fidèles gaullistes et dans les diverses composantes de l'UDF qui commençaient à douter. Tout allait dépendre de votre soutien. Pour vous convaincre, je choisis mon terrain : votre résidence de Brégançon où je vous savais plus disponible que dans votre bureau de l'Élysée. Isabelle et moi y passâmes quelques jours, à la fin de l'année 2000, à votre invitation. Comme toujours votre accueil et celui de Bernadette furent chaleureux. J'ai le souvenir d'une formidable bouillabaisse, j'espère que ma mémoire ne me trahit pas, c'était peut-être à l'occasion d'un autre séjour, peu importe, la vérité historique n'en souffrira pas trop. Je suis sûr en revanche que nous avons fait tous les quatre une longue promenade, sans doute en dehors du fort, nos épouses marchant devant, et moi derrière avec vous, commentant la note que j'avais rédigée à votre intention et dont je préférais développer les arguments de vive voix. Vous m'avez donné, sans véritable réticence, votre feu vert. Si l'opération réussissait, vous en seriez le premier bénéficiaire ; si elle échouait… Je suis injuste. Vous avez fait ce qu'il fallait pour m'aider à réussir. Vos équipes se mobilisèrent, et, en toute première ligne, Jérôme Monod, qui vous avait rejoint à l'Élysée et dont l'engagement fut décisif pour m'aider à surmonter les obstacles et à garder un contact permanent entre nous.

Ce fut une longue marche. En avril 2001, nous créâmes l'Union en mouvement (UEM) que le journal *Libération* qualifia de « start-up chiraquienne », avec à sa tête Renaud Dutreil pour l'UDF, Hervé Gaymard pour le RPR et Dominique Bussereau pour Démocratie libérale. Pour ne pas effaroucher mes « amis », je préférai rester en retrait. Mais cette discrétion ne trompait personne. J'avais bien vocation à prendre la tête, le moment venu et avec votre soutien, de ce « grand parti de la droite et du centre » que nous avions décidé de porter sur les fonts baptismaux. Je pris mon bâton de pèlerin et me mis à sillonner ce que j'appelle encore la province – on dit maintenant les régions ou les territoires – de meeting en meeting, avec une garde rapprochée où l'on trouvait Jean-Pierre Raffarin, Philippe Douste-Blazy et de nombreux jeunes parlementaires. Le 22 septembre 2001, nous lançâmes la campagne électorale présidentielle à Périgueux, à l'invitation du maire de la ville, Xavier Darcos. La preuve que la mayonnaise prenait : Sarkozy nous annonça sa présence, exigea de parler en premier et tira sa révérence dès la fin de son discours. Atmosphère !

Parmi les temps forts de l'aventure, je repense à la réunion de Toulouse qui, le 23 février 2002, devait marquer une étape décisive dans la construction du nouveau parti et, en même temps, dans la mobilisation des chiraquiens de tout bord qui appuyaient votre candidature. L'ambiance était festive. François Bayrou vint me casser la baraque en annonçant qu'il ne serait pas du « parti unique », avec cette formule qui lui ressemble : « Si nous pensons tous la même chose, c'est que nous ne pensons rien. » Brillant au premier abord, faux quand on gratte. Je reconnais au moins à François Bayrou un mérite : celui de la ténacité – ceux qui ne l'aiment pas diront de l'entêtement. En fait, je l'aime bien. Nous avons la même culture, celle des « humanités » comme on disait dans l'ancien temps. Cela marque ! Lui ne vous aimait pas et sans doute était-ce réciproque. Il a fallu que j'insiste pour que nous le prenions au gouvernement en 1995, au poste de ministre de l'Éducation nationale qu'il occupait déjà dans l'équipe d'Édouard Balladur. Échaudé par les protestations qu'il avait provoquées en s'attaquant à la loi Falloux (un million de manifestants à Paris le 16 janvier 1994 vinrent défendre l'école laïque qu'ils pensaient menacée), il fit preuve, dans mon gouvernement, d'une remarquable prudence qui eut au moins l'avantage de me garantir la paix syndicale. Je n'oublie pas qu'il m'a apporté un soutien sans faille pendant ma campagne de la « primaire » de la droite et du centre en 2016. Cela me valut, lors d'une réunion à Bordeaux, en présence d'un Sarkozy imperturbable, les copieux sifflets des militants LR les plus radicaux. Je n'en éprouve aucun regret. Si l'alliance était à refaire, je la referais. Tout simplement parce que, sur de nombreuses questions de gouvernement, je me sens en phase avec Bayrou.

Le résultat du premier tour de l'élection présidentielle, le 21 avril 2002, a été un coup de tonnerre dans la vie politique française. Le Pen n'était pas seulement en embuscade. Pour plusieurs raisons que je n'analyserai pas ici, il s'était qualifié pour le second tour. Vous en avez été déstabilisé. Je vous ai senti choqué, au sens physique du terme. Vous n'étiez pas préparé à ce duel, qui n'en a pas été véritablement un. Étrange campagne que celle du deuxième tour. Le résultat était évidemment joué d'avance. Mais l'ampleur de votre score (plus de 82 %), curieusement, vous laissait désarçonné. On a beaucoup dit que vous n'en n'aviez pas vraiment tiré les leçons, que vous n'aviez pas ouvert plus largement vos idées et vos équipes, que vous étiez resté sur votre ligne du premier tour comme si de rien n'était. Je ne sais pas quoi en penser. Nous n'en avons pas réellement parlé, au fond. Votre préoccupation essentielle était de choisir un Premier ministre en qui vous pourriez avoir confiance sur la durée. En tête à tête, vous avez prononcé mon nom. Je n'ai pas eu de mal à vous convaincre que ce n'était pas une bonne idée. L'échéance de mon procès se rapprochait et cette épée de Damoclès suspendue au-dessus de ma tête me rendait trop vulnérable. Je soutins l'hypothèse Raffarin qui avait l'avantage de ne pas vous enfermer dans le sérail gaulliste, de sceller une réconciliation utile avec les giscardiens (sinon avec Giscard lui-même), d'appeler un élu de terrain au milieu du vivier habituel de l'énarchie. Ainsi fut fait. Raffarin vous a bien servi. J'ai tissé avec lui un lien d'amitié et d'estime réciproques qui dure aujourd'hui encore.

Pour ma part, je m'employai à achever ce que j'avais entrepris depuis bientôt deux ans : mener à bien la création du grand parti de la droite et du centre rassemblant gaullistes, libéraux et centristes.

Vous m'avez laissé une totale marge de manœuvre dans la conduite de l'opération. Jusqu'à me permettre de soumettre à nos militants deux hypothèses de dénomination du futur parti : la sage « Union pour un mouvement populaire », illustrée par un arbre majestueux et rassurant, et la poétique « Maison bleue », sortie des élucubrations d'une agence de communication. J'étais tenté. J'imaginais fort bien que, dans chaque commune du pays, nos permanences deviennent des « maisons bleues » où nous aurions convié nos adhérents enthousiastes, anciens et nouveaux. La sagesse a évidemment prévalu.

C'est le congrès fondateur du 17 novembre 2002 qui a donné le coup d'envoi à l'UMP. De l'Élysée où vous retenait votre neutralité institutionnelle vis-à-vis des partis, vous m'apportiez un soutien qui ne faisait mystère pour personne. J'avais convié à la réunion les chefs des partis frères européens, membres du Parti populaire européen, au premier rang desquels José Maria Aznar, José Manuel Barroso, Angela Merkel. Je relis le discours que j'ai prononcé après la proclamation des résultats du vote qui m'avait porté à la présidence du mouvement (79,42 % des suffrages exprimés) avec à mes côtés Jean-Claude Gaudin et Philippe Douste-Blazy. C'était un beau discours qui sortait tout entier de ma plume. J'appelais les membres du parti à « innover, inventer, surprendre », pour faire de l'UMP « le premier parti du XXIe siècle », capable de répondre « au profond besoin de renouveau qui se manifeste autour de nous », et « d'incarner une nouvelle manière de faire de la politique ». Et je proposais de travailler à ce que j'appelais les quatre réconciliations : celle du pouvoir et des citoyens ; celle de l'esprit d'entreprise et de l'esprit de partage, de la liberté et de la solidarité ; celle de l'idée nationale et de l'idée européenne ; et enfin celle de l'homme et de la nature, de l'homme et de sa planète, du développement et de l'avenir de notre Terre. Pas mal vu, non ? Je vous adressais par là même un double clin d'œil : je présentais ces réconciliations comme la réponse à la « fracture » de la société française ; et j'affirmais que « sur la défense des valeurs humanistes, sur le respect dû à chaque personne humaine, quelles que soient ses origines ou sa condition sociale, l'UMP ne transigera[it] pas ». J'étais heureux de marcher ainsi dans vos pas.

Ce fut en effet une période heureuse. Après le choc de 1997, j'achevais ma traversée du désert, je remontais sur mon cheval. Je pouvais à nouveau contribuer au succès de votre action.

La mise en place de l'organisation du nouveau parti se fit dans l'euphorie de l'équipe que j'avais réunie autour de moi : Jean-Claude Gaudin à la vice-présidence, Philippe Douste-Blazy au secrétariat général qui fit preuve d'une grande disponibilité ; et puis les « opérationnels » avec, à la direction générale, Édouard Philippe. Je le connaissais peu. Ce fut d'emblée un bonheur de travailler avec lui. Ses qualités m'ont plu : l'intelligence bien sûr qui facilite bien des choses, la puissance de travail et l'efficacité mais aussi un caractère direct et positif. La tâche était difficile. Comme toujours, la « gouvernance » d'un parti politique qui repose en grande partie sur le bénévolat demeure fragile. Nous avons essayé de la professionnaliser. Non sans mal ! Nous nous faisions copieusement engueuler tous les mardis matin par les parlementaires revenant de leur circonscription ; eux-mêmes avaient dû y affronter l'impatience de nos nouveaux adhérents qui ne recevaient pas « leur » carte. Édouard et le petit groupe de militants qui l'entouraient géraient avec compétence, dévouement et surtout bonne humeur. Ils me persuadaient que cette impatience était bon signe : le parti attirait. J'ai éprouvé le même sentiment de proximité, d'affinité avec Édouard Philippe chaque fois que nous avons fait équipe : au ministère de l'Écologie en 2007 où il m'aida à lancer le Grenelle de l'environnement ; nous avions de grandes ambitions à la tête de ce ministère d'État, de l'Écologie, du Développement et de l'Aménagement durables (MEDAD) que le président Sarkozy m'avait taillé sur mesure. Ambitions de courte durée, puisque, au lendemain de mon échec aux élections législatives de juin 2007, je démissionnai du gouvernement, devenant ainsi « le moins durable des ministres du Développement durable »… Ce fut aussi un bonheur de faire campagne avec l'aide d'Édouard lors de la « primaire » de la droite et du centre en 2005-2006. Il m'accompagna jusqu'au bout, et ses conseils judicieux me furent précieux. C'est une valeur sûre pour la France.

Construire un parti n'est pas une fin en soi. La raison d'être de l'UMP était évidemment de soutenir votre action et celle de vos gouvernements, celui de Jean-Pierre Raffarin, puis celui de Dominique de Villepin. Je m'y employai de mon mieux avec une obsession de tous les instants : maintenir, conforter l'unité de la majorité. Tâche épuisante ! Les tensions, les impatiences, les doutes n'ont pas manqué. Je ne vais pas ici en refaire l'histoire. Il y eut aussi des moments de cohésion, d'unité nationale – et pas simplement partisane –, souvent autour de vos prises de position sur la scène internationale. Je pense en particulier à votre engagement contre l'invasion de l'Irak que le président Bush déclencha en mars-avril 2003. Dès le 10 mars, au journal de 20 heures de TF1 et France 2, vous aviez annoncé la couleur en déclarant que la France mettrait son veto à toute résolution du Conseil de sécurité des Nations unies (CSNU) autorisant le recours à la force contre l'Irak. Vous aviez le plein soutien de l'Allemagne, mais la diplomatie américaine, relayée par les Britanniques, se déchaîna contre vous. Nous avons tous en mémoire le discours de haute tenue que votre ministre des Affaires étrangères, Dominique de Villepin, prononça au CSNU, pour défendre le droit contre la force et prôner le multilatéralisme comme mode de résolution des conflits. Moment historique de vision et d'anticipation lucides. Pour ma part, à l'Assemblée nationale, désigné par le groupe UMP pour apporter notre soutien à votre action et à celle du gouvernement, je saluai les trois qualités essentielles dont vous aviez fait preuve : « une vision claire des objectifs ; de l'énergie et de la ténacité dans l'exécution ; la volonté permanente de convaincre et de rassembler la communauté internationale ». Et j'ajoutais : « Notre détermination sert la cause de la paix. Elle a touché au cœur des peuples, y compris en Amérique du Nord [...] où l'air de liberté intellectuelle et politique venu de France est respiré avec bonheur. »

### *Le procès*

Bientôt le ciel allait me tomber sur la tête.

Le 21 août 1998, j'avais reçu d'un juge d'instruction de Nanterre une lettre recommandée me notifiant ma mise en examen pour « détournement de fonds publics, complicité et recel d'abus de confiance aggravés, prise illégale d'intérêts, complicité et recel d'abus de biens sociaux ». Les mots du Code pénal sont terribles. Je ne vais pas ici faire le récit de ce qui a été pour moi, ma femme, mes proches, un douloureux calvaire. Les faits sont connus : il m'était reproché d'avoir, en tant que secrétaire général puis président du RPR, « couvert » la situation de plusieurs de mes collaborateurs travaillant pour le parti mais dont la rémunération était assurée par la Ville de Paris. Emplois fictifs donc. Soit. Je ne vais pas rouvrir le débat. Mon procès a eu lieu fin 2003 à Nanterre et l'année suivante devant la cour d'appel de Versailles. La justice a tranché. J'en ai voulu à Yves Cabana, mon directeur de cabinet à l'époque, d'avoir déclaré : « Tout le monde savait. »

J'ai pensé que cette affirmation me plombait. C'était en fait la stricte vérité. Peu importe. J'ai assumé. Un journal a qualifié de « maladroit mais de courageux » mon « aveu » : « S'il y a eu manque de vigilance, j'en prends la responsabilité. »

Si j'en reparle maintenant, c'est que deux idées continuent à me trotter dans la tête : ai-je été condamné « pour l'exemple » ? Comment avons-nous vécu, vous et moi, ce procès et ma condamnation ?

Un hebdomadaire a estimé que le jugement du tribunal correctionnel de Nanterre, en première instance, était « sans mansuétude[2] ». Il est vrai qu'il me condamnait pour avoir « trompé la confiance du peuple souverain ». Excusez du peu ! Je revois le regard ironique et réjoui d'un des assesseurs de la présidente du tribunal dont le message était assez clair : « Mon coco, on te tient ! Tu vas passer à la casserole ! » La sanction signait en effet la mort de ma vie politique.

Quelques mois plus tard, en décembre 2004, la cour d'appel de Versailles, tout en atténuant ma peine, me rendait mon honneur en jugeant que « M. Juppé s'est consacré pendant de longues années au service de l'État, n'a tiré aucun enrichissement personnel des infractions commises au bénéfice de l'ensemble des membres de son parti dont il ne doit pas être le bouc émissaire ». Ce fut, somme toute, un soulagement.

« Tout le monde savait », en effet, mais j'étais le chef et le chef doit assumer. C'est ce que j'ai fait. Je n'aime pas

2. *L'Express*, 2 février 2004.

qu'on dise que j'ai porté le chapeau – voire un sombrero – pour autrui.

Pendant ces mois interminables, vous avez été constamment à mes côtés. Vous saviez que je resterais « droit dans mes bottes ». Mais vous compreniez aussi combien je souffrais. Du cirque médiatique. De l'humiliation. Pour moi et pour mes proches. Mes parents n'ont pas vécu ces moments difficiles qui les auraient sans doute bouleversés, eux qui étaient si fiers de mon parcours : mon père était mort en juillet 1998 ; ma mère est morte en octobre 2004, en plein procès d'appel ; j'ai obtenu l'autorisation de m'absenter de l'audience pour assister à ses obsèques, sans le moindre mot de condoléances d'ailleurs. Âgée de 94 ans, elle avait, depuis des mois, décroché de l'actualité. Tant mieux, de ce point de vue. La présence affectueuse de votre fille, Claude, au premier rang de l'église de La Madeleine, à Mont-de-Marsan, lors de la messe des funérailles, m'a fait chaud au cœur. Je savais que vous étiez là, présent à travers elle.

Vous avez payé, vous aussi, on l'oublie parfois, pour les emplois « fictifs » de votre cabinet à la mairie de Paris. L'avanie de la présence dans la salle d'audience et le feu médiatique vous ont été épargnés. J'en ai été heureux.

Fort de la présomption d'innocence, j'avais conservé, pendant toute la procédure, mes mandats à la mairie de Bordeaux et à la présidence de l'UMP. J'anticipai les conséquences de ma condamnation en démissionnant de l'une dès juillet 2004 et de l'autre en novembre de la même année. Pour la première fois depuis… 1983, je n'étais plus l'élu du peuple.

Le départ de Bordeaux a été un arrachement. J'aimais, j'aime ma ville, les Bordelais, mes équipes, mon travail de maire, notre maison. Il fallait tout quitter.

Je n'ai pas sombré dans la dépression. « Droit dans mes bottes »… une fois encore, ce trait de caractère qui a tant nui à mon image politique m'a été utile dans la conduite de ma vie personnelle. Isabelle a été admirable de confiance, de courage, tout simplement d'amour. Mes enfants m'ont donné toute leur tendresse. Et les amitiés autour de moi ont été solides, à commencer par la vôtre. Vous sentiez quand un coup de téléphone de votre part pouvait me remonter le moral. J'avais quand même, de temps en temps, quelques coups de mou… Vous me receviez dans votre bureau à l'Élysée chaque fois que j'en avais envie. Vous en preniez souvent l'initiative. Vous n'êtes pas du genre à vous épancher, pas plus que moi. Mais je voyais bien que vous étiez malheureux de me sentir malheureux. Vous saviez trouver les mots pour m'apaiser ; vous me parliez de l'avenir, de celui de la France, et même du mien. C'était naturellement la meilleure façon de chasser mes idées noires. J'ai eu de la chance de pouvoir m'appuyer sur vous.

Au moment de quitter Bordeaux, j'ai décidé de vendre la maison que nous aimions tant. Coup de tête sans doute ; et nous avions besoin d'argent. Ce fut néanmoins une sottise que j'ai souvent regrettée. Replié dans notre appartement parisien, je m'occupais en enseignant à Sciences Po. J'animais simplement un séminaire d'une vingtaine d'étudiants qui travaillaient sur les relations internationales. Je rodais ainsi ce qui allait devenir mon cours québécois. J'ai aimé les échanges avec ces jeunes gens, que je trouvais studieux mais aussi curieux et astucieux. Réservés bien sûr, je les impressionnais quelque peu ; sympathiques finalement. Ils m'invitèrent à célébrer la fin de l'année universitaire lors d'un pique-nique géant sur l'esplanade des Invalides, en me suggérant d'apporter quelques bonnes bouteilles de bordeaux. Ce que je fis volontiers.

La porte de votre bureau m'était toujours ouverte. Je n'en abusais pas. L'atmosphère parisienne me pesait. Les regards n'étaient pas franchement hostiles, plutôt apitoyés. J'avais besoin de grand air.

J'avais noué des relations de grande amitié avec le maire de Québec, Jean-Paul L'Allier, qui m'avait accueilli, à plusieurs reprises, en collègue et ami, dans sa belle ville. Il l'avait, lui aussi, réveillée et je lui avais souvent emprunté de bonnes idées d'aménagement urbain, en particulier pour la revitalisation de quartiers en déshérence ou la mise en valeur du patrimoine architectural. Je lui fis part de ma tentation de l'exil. Il me proposa de m'aider à trouver un point de chute universitaire. Ce ne fut pas un chemin de roses. J'ai raconté dans un livre comment j'ai été traité en repris de justice par les services de l'immigration américaine lors d'une escale à New York, puis traduit devant un tribunal professoral à Montréal… sous la houlette d'un sentencieux recteur dont les démêlés judiciaires quelques mois plus tard m'inspirèrent une joie mauvaise. Je ne vous ai pas raconté toutes ces péripéties. Vous aviez d'autres chats à fouetter. Mais une fois que nous fûmes installés à Montréal et que j'eus trouvé mes marques, nous n'avons pas perdu le contact. Le téléphone, compte tenu du décalage horaire, n'était pas le fil le plus pratique. Les textos et les mails n'étaient pas entrés dans nos vies quotidiennes. Je venais régulièrement à Paris et, chaque fois, vous me donniez de votre temps. Pour parler famille bien sûr, vous étiez toujours aussi attentionné. Et un peu politique. J'avais pris du champ. Mais, devant mon écran de télé canadien, j'étais rattrapé par l'actualité française. Je m'inquiétais de voir s'amplifier les manifestations contre le CPE, le « contrat première embauche » que le gouvernement avait fait adopter en mars 2006 pour combattre le chômage des jeunes. La mesure n'était pas comprise par ceux-là mêmes qu'elle était censée aider. Ils y voyaient des « petits boulots » au rabais. Comme d'habitude, nos amis d'Outre-Atlantique ne faisaient pas dans la nuance et, à les en croire, la France était à feu et à sang. Sagement, vous avez calmé le jeu.

Isabelle dit souvent que nous avons vécu au Québec, d'août 2005 à juillet 2006, l'une des plus belles années de notre vie. C'est vrai.

J'ai aimé enseigner au Québec. Mes étudiants de l'École nationale d'administration publique (Enap) avaient des profils très divers : à Ottawa (plus exactement à Gatineau, ville québécoise toute proche de la capitale fédérale), je m'adressais à des fonctionnaires fédéraux soucieux de parfaire leurs connaissances sur les questions internationales ; à Montréal, j'avais devant moi un kaléidoscope planétaire, hommes et femmes venus d'Afrique du Nord, du Proche-Orient, d'Asie… et même de France… et du Canada ; à Québec, c'étaient des Québécois « pure laine »… Tous étaient francophones. Quand je les comparais à mes étudiants parisiens, je les trouvais moins à l'aise à l'écrit mais très déliés à l'oral. Je leur parlais des effets de la mondialisation sur les États-nations. Je m'interrogeais avec eux sur le possible effacement des frontières nationales. Je soulignais déjà combien la recherche des racines, l'attachement aux « petites patries » venaient équilibrer l'épanouissement du « village global ». Depuis lors, la montée des nationalismes et des populismes a fait pencher la balance. J'ai noué avec mes collègues professeurs des relations d'estime et de confiance qui m'ont réchauffé le cœur. J'ai été convié à prononcer des conférences à travers toute la province. Nous nous sommes fait des ami(e)s qui, à quinze ans de distance, nous restent toujours aussi cher(e)s. Isabelle et moi étions loin d'être oisifs ; nous travaillions assidûment mais nous avions retrouvé une douce vie familiale que la politique, en France, depuis des années, avait quelque peu malmenée. Bref, avec les enfants, nous avons été profondément heureux. Au point de nous interroger sur la question du retour. Rester ? Rentrer ? Nos cœurs ont balancé…

Mais le virus ne m'avait pas quitté. Je recevais de loin en loin des amis politiques venus de Paris et de Bordeaux. Ils me tenaient au courant de l'évolution de la situation nationale et locale. Et déjà se profilait à l'horizon la perspective des prochaines échéances électorales, municipales en principe en 2007, et présidentielle la même année.

Je passe sur mes hésitations ou mes états d'âme ; la « tentation de Venise » n'a jamais cessé de rôder dans ma tête. Je ne vous en parlais pas. Vous commenciez à entretenir le suspense sur vos propres intentions. Au printemps 2006, je sautai le pas et décidai de demander aux Bordelais(es) de me faire à nouveau confiance. C'était pour moi, au plus profond, la seule manière de laver l'affront : seul le suffrage universel pouvait me redonner une légitimité politique. Je n'ai pas le souvenir que vous m'y ayez encouragé… ni d'ailleurs découragé. À ma manière, j'ai un peu brusqué les choses : j'ai demandé aux membres de « ma » majorité municipale de démissionner pour provoquer une élection partielle. La plupart l'ont fait de bon cœur ; quelques-uns ont traîné les pieds, ce qui m'a conforté dans l'idée qu'en politique, fidélité et reconnaissance ne sont pas des vertus universelles. J'ai fait, en septembre, une campagne-éclair, qui a pris par surprise mes traditionnels opposants et, dès le premier tour, je remportai une assez large victoire. Elle vous combla d'aise. Vous me l'avez dit et je sais que vous le pensiez. J'étais de retour dans le jeu, dans votre jeu aussi.

### *Le retour*

Pendant tout l'automne 2006, à chacune de nos rencontres, et elles étaient fréquentes, vous m'avez instamment conseillé de ne rien dire sur mes intentions pour 2007. Vous teniez à maintenir le suspense sur votre possible candidature à la prochaine élection présidentielle. Pour calmer les ambitions et laisser le jeu ouvert. Peu à peu, j'avais acquis la conviction que la messe était dite. J'étais intimement persuadé que je n'étais pas en situation d'être moi-même candidat. Le temps n'avait pas fait son œuvre, il était trop tôt pour que je puisse revendiquer le droit à l'oubli malgré ma réélection à Bordeaux ; j'imaginais le tombereau d'insultes qui seraient déversées sur moi… il me suffisait d'aller sur les réseaux sociaux. Il m'a été difficile de vous dire que vous n'étiez plus, vous non plus, en situation. Non pas tant en raison de votre état de santé : je sous-estimais complètement la gravité de votre AVC de septembre 2005 et je ne percevais chez vous aucun signe d'affaiblissement. Mais l'usure du pouvoir, elle, vous affaiblissait. Et surtout, la candidature de Nicolas Sarkozy était devenue, à mes yeux, incontournable. Vous aviez beau me faire part de vos réserves, vous l'aviez mis vous-même sur la rampe de lancement ; il était désormais en position, dans les starting-blocks, et toute annonce d'une candidature de ma part aurait été ressentie comme un facteur de coupable division. Peut-être ai-je manqué de courage. Ce qui donnerait du poids au jugement que l'intéressé a porté sur moi, plus tard, dans l'un de ses livres : j'étais peut-être voué à rester un numéro 2… En ce temps-là, il faisait mon siège et me pressait d'annoncer mon soutien à sa candidature. Parfaitement conscient de vous décevoir, je me suis lancé début janvier sur mon blog. *Le Figaro* du 9 janvier 2007 rappelle que dès le 21 décembre, à Bordeaux, j'avais exprimé « ma résolution à tout faire pour que, le plus tôt possible, nous nous rassemblions de bon cœur et de tout cœur autour de notre candidat, celui qui fera gagner la France ». Et le journal de conclure : « Pour les sarkozystes, c'est en tout cas la plus belle prise de guerre dont ils pouvaient rêver. »

M'en avez-vous voulu ? Pendant nos quarante ans de vie politique commune, je n'ai pas le souvenir que vous m'ayez jamais fait la moindre remontrance. Cette fois-là pas davantage. Mais je comprenais bien votre déception. Je suis sûr qu'au fond de vous-même, vous m'aviez imaginé comme un successeur potentiel. Ce projet, dois-je dire ce rêve ?, s'éloignait.

En tout cas, fidèle à mon éthique politique, je n'ai pas joué le double jeu et j'ai sincèrement soutenu celui qui était devenu « notre » candidat. Au point d'accepter d'appartenir au gouvernement dont il avait confié la direction à François Fillon. L'élection législative qui a suivi la présidentielle en juin 2007 ne m'ayant pas été favorable, j'ai tenu ma parole et j'ai démissionné de mon poste de ministre. Vous aviez quitté l'Élysée. Je me sentais orphelin.

## *Fin de partie*

Nous avons continué à nous voir régulièrement. Je vous rendais visite dans vos bureaux de la rue de Lille. Claude m'accueillait avec sa bienveillance habituelle. Une petite équipe de collaborateurs fidèles vous entourait. Je vous trouvais amaigri, moins pétillant. Vous m'interrogiez longuement sur ma famille. J'avais du mal à vous faire parler politique. Je peux porter témoignage que, même avec moi, vous ne vous laissiez jamais aller à critiquer vos successeurs. Vous saviez pourtant que je ne répéterais rien. J'en concluais que c'était votre disposition d'esprit véritable, que vous aviez vraiment pris du champ.

Pendant ma campagne de la « primaire » en 2016, vous m'avez apporté un soutien sans nuance. Certes vous étiez très affaibli et vos interventions publiques étaient devenues très rares. Je crois que l'une des dernières où j'étais présent s'est déroulée dans votre musée du Quai-Branly, à l'occasion de la remise des prix de la Fondation Jacques-Chirac pour la paix et le dialogue des cultures.

Mais vous n'avez pas fait mystère de vos préférences ; votre vote m'était acquis. Déjà, en 2011, vous aviez fait le buzz en affirmant : « Je voterai Hollande sauf si Juppé se présente. » En 2016, vous avez mobilisé vos amis, au-delà même du cercle politique. Je pense à François Pinault que je rencontrais régulièrement pour faire le point sur ma campagne. Je savais la profonde affection que lui-même et son épouse vous portaient, ainsi qu'à toute votre famille ; j'écoutais attentivement ses conseils.

Le moment venu, votre fille Claude s'est publiquement engagée en ma faveur. Avec la finesse et l'intuition dont elle a toujours fait preuve, elle a choisi le bon terrain : la Corrèze. Je revis avec bonheur l'après-midi que nous avons passé ensemble en novembre 2016, à Saint-Setiers, un village de l'arrondissement d'Ussel, sur le plateau de Millevaches. Tout un symbole. Son mari Frédéric Salat-Baroux l'accompagnait ; j'avais apprécié ses grandes qualités intellectuelles et morales lorsque, de 1995 à 1997, il avait été conseiller technique à mon cabinet, chargé de la santé et de la sécurité sociale. À l'adresse de la presse qui était venue nombreuse, Claude, après avoir donné des nouvelles rassurantes de son père, a eu pour moi cette phrase qui m'a fait chaud au cœur : « C'est vraiment un responsable politique qui partage avec Jacques Chirac un certain nombre de valeurs fondamentales. »

Nous avons été reçus dans l'un des établissements dont votre fondation avait soutenu la création, la Maison d'Hestia ; il accueillait des enfants et de jeunes adultes en situation d'autisme, ce handicap que nous savons si mal accompagner en France. La directrice nous expliqua longuement la façon dont son équipe d'éducateurs offrait à chacun des pensionnaires un parcours personnalisé pour lui permettre des gains d'autonomie. Je n'oublierai pas le témoignage du jeune homme qui me racontait sa fierté d'avoir été choisi pour faire, chaque jour, la distribution du journal local dans les boîtes aux lettres du village. Nous avons pris du temps pour écouter les encadrants, les pensionnaires, les familles. J'ai mieux compris pourquoi le peuple de Corrèze vous garde une affection si durable et si sincère.

Mon échec a dû vous décevoir et vous peiner. Mais déjà, votre communication avec le monde extérieur était devenue difficile. Nous n'avons pas épilogué sur les raisons de ma défaite. Ce n'est pas votre style, ni le mien.

Ainsi s'achève notre belle histoire.

# V

# À DEMAIN !

Dans les jours qui ont suivi votre mort, le 24 octobre exactement, j'ai été invité à l'Institut catholique de Paris, par la Conférence Olivaint qui, depuis sa création en 1874 à l'initiative du père Jésuite du même nom, organise régulièrement des rencontres entre hommes politiques et étudiant(e)s. Le but affiché de la Conférence est de préparer les jeunes à défendre les intérêts du pays et « à se dévouer à son salut ».

Les étudiants avaient intitulé l'événement : « L'intrigue Chirac ». Sans doute voulaient-ils dire que votre personnalité les intriguait. J'étais en compagnie de deux amis : Jean-Luc Barré, votre biographe, et Hugues Renson, votre conseiller, devenu député de Paris et vice-président de l'Assemblée nationale. Tous deux vous connaissaient bien et partageaient ma peine.

Nous nous sommes efforcés de répondre, chacun à notre tour, Jean-Luc, Hugues et moi, le plus objectivement possible. Avons-nous réussi à faire abstraction de l'affection que nous vous portons ? Après tout il y a aussi une vérité du cœur ! En tout cas, pendant le débat qui a suivi, je me suis senti en parfaite harmonie avec mes deux comparses.

La première question qui nous fut posée était brutale : « Chirac était-il inculte ? » Question, pour nous, provocatrice, mais, après tout, assez naturelle dans la bouche de jeunes gens et de jeunes filles appartenant à la génération Y des milléniaux, ou même à la génération Z, qui découvraient votre personnalité. Énigme en vérité que cette réputation d'inculture qui vous a parfois été faite, du moins dans les premiers temps de votre vie publique. Réputation très explicable, si l'on y réfléchit, tant vous avez mis vous-même de coquetterie à répandre l'idée que vous n'étiez pas « cultivé ». Vous n'avez pas, par exemple, cessé d'affirmer qu'en matière de musique, vous n'aimiez que la militaire et la trompette de cavalerie – au demeurant fort respectables. De fait, les concerts de musique classique n'étaient pas votre fort. Je vous ai même vu vous endormir lors d'une représentation d'*Aïda*, y compris au son des trompettes. Et si vous étiez un fan de Pierre Boulez, je ne suis pas sûr que vous ayez été un auditeur assidu de ses œuvres.

« Chirac inculte ? » Comment ignorer votre curiosité pour les cultures du monde et la connaissance approfondie que vous aviez des civilisations asiatiques, africaines, précolombiennes… ? En l'espèce, les ignorants sont plutôt à compter dans les rangs de ceux dont l'horizon, comme le mien, s'est borné aux humanités classiques. Éminentes certes, mais pas tout à fait planétaires, comme nous avions trop tendance à le penser. Vous ne manquiez pas de me mettre en boîte en exprimant votre peu d'admiration pour la statuaire gréco-romaine, trop conventionnelle, comment dire… répétitive, à votre goût. Un jour, pour m'ouvrir l'esprit, vous m'avez donné à lire une œuvre de l'écrivain japonais Yasushi Inoue intitulée : *Le Loup bleu. Le roman de Gengis Khan*[1]. Grâce à vous, je découvrais de nouveaux espaces, de nouveaux mondes, et derrière la brutalité guerrière, des raffinements insoupçonnés. Je pourrais citer mille anecdotes qui attestent de l'étendue de votre culture. Par exemple ma visite au Musée des bronzes de Shanghai : je confie au conservateur que je suis l'un des proches de Jacques Chirac ; son visage s'éclaire d'un large sourire et il me dit : « Quand il est venu ici, c'est lui qui a été le guide de la visite ! » Le conservateur du musée du Quai-Branly pourrait en dire autant s'agissant des masques africains. Dans un autre univers encore, vous avez révélé aux Parisiens la civilisation des Taïnos qui occupaient les Antilles avant l'arrivée des Européens. Il faut être d'esprit bien obtus pour se moquer de votre passion pour le sumo : plus qu'un sport, c'était pour vous un rituel quasi religieux dont vous connaissiez parfaitement les hommes et les codes. « Je ne connais pas, confiez-vous, d'autre forme de regard plus intense que celle de deux sumotori qui s'observent avant de s'affronter. J'éprouve un grand respect pour ces hommes parce qu'il s'agit de beaux combattants, qui illustrent une tradition très ancienne, puisant ses origines dans la lutte mongole […]. Leur rituel est pour moi une leçon de vie : celle qu'il ne faut jamais lâcher prise et qu'on doit se battre jusqu'au

1. Yasushi Inoue, *Le Loup bleu. Le roman de Gengis Khan*, Paris, Philippe Picquier, 1998.

bout, jusqu'à l'instant décisif où l'on pressent que tout va se jouer et quelle peut-être l'issue du combat[2]. »

Au-delà de vos goûts personnels – et je ne veux pas oublier votre amour pour la poésie –, c'est une vision politique globale qui vous animait : celle du dialogue des cultures, du respect de la diversité dans lesquels vous voyiez les meilleurs vecteurs de paix entre les êtres humains.

Vos convictions se sont traduites en actes. Outre la politique culturelle que vous avez menée en tant que maire de Paris, je voudrais évoquer ce qui restera l'un des grands travaux de votre présidence : l'édification du musée du Quai-Branly. Il fallait de l'audace et de la ténacité pour imposer au monde des responsables culturels et intellectuels parisiens l'idée que les « arts premiers », comme vous aviez choisi de les nommer, avaient leur place d'abord dans un espace de préfiguration au sein du musée du Louvre, puis dans un bâtiment dédié en un lieu prestigieux de la capitale. Une fois élu président de la République, vous avez lancé le projet dont la réalisation a été confiée à Jean Nouvel. Je passe sur les péripéties de la construction qui s'est heurtée aux oppositions habituelles, riveraines et conservatrices. Les collections et les expositions du musée ont d'emblée remporté un grand succès. Inauguré en juin 2006, il est aujourd'hui l'un des musées de sa spécialité les plus fréquentés au monde : à la fin décembre 2018, il avait reçu plus de 17 millions de visi-

2. Jacques Chirac, *Mémoires*, t. 1, *Chaque pas doit être un but*, *op. cit.*, p. 426.

teurs. C'est dans son amphithéâtre que chaque année sont remis les prix « Prévention des conflits » et « Culture pour la paix » de la Fondation Jacques-Chirac. Vous m'avez fait l'honneur de me proposer de siéger au jury qui attribue ces prix. C'est un bonheur pour moi de me rendre chaque année dans ce temple du dialogue des cultures qui porte désormais le nom de « musée du Quai-Branly-Jacques Chirac ».

Vous avez été aussi l'artisan de la négociation puis de l'adoption de la convention de l'Unesco sur la protection et la promotion de la diversité des expressions culturelles, adoptée en octobre 2005. J'ai rappelé les circonstances de ce grand combat que j'ai mené au Quai d'Orsay, avec vous.

Deuxième question posée par les étudiants de la Conférence Olivaint : « Chirac était-il un altruiste secret ? » Je l'ai trouvée plus pertinente, moins naïve que la première. Elle m'a fait réfléchir. Je me suis souvenu de ce que vous écrivez dans vos *Mémoires* à propos de Georges Pompidou : « L'homme passait pour secret, madré, un peu roublard – ce qu'il était en partie [...]. Georges Pompidou n'entretenait pas avec ses collaborateurs des liens de grande proximité [...]. La pudeur était de règle. Jamais nos relations n'ont été véritablement intimes car ce n'était pas son genre[3]. »

Ce n'était pas non plus votre genre. Ni le mien. Je reprends volontiers, s'agissant de nous deux, le mot « pudeur ». Goût du secret, sans doute pas. Mais discrétion assurément. Certes, vous ne manquiez jamais de m'in-

---

3. *Ibid.*, p. 79.

terroger spontanément sur la santé de mes parents ou sur ce que devenaient ma femme, mes enfants, Laurent, Marion, Clara... Je ne déballais pas mes affaires de famille mais dès que vous sentiez que quelque chose ne tournait pas rond, vous trouviez la bonne parole ou le bon geste pour me remonter le moral. Marion, ma fille aînée, se souvient du voyage à Venise où Bernadette et vous l'aviez généreusement entraînée dans un moment difficile de son adolescence. Isabelle n'a pas oublié l'après-midi que Bernadette est venue passer auprès d'elle, dans la chambre de la clinique où elle venait d'accoucher de Clara ; c'était fin octobre 1995 et j'étais dans mon bureau à Matignon... Ce sont des attentions qui marquent durablement. Comme a compté pour Isabelle l'accueil que, plus récemment, lui réserva Bernadette lors d'une remise de décoration à l'Élysée où toutes deux avaient été conviées : quand Isabelle s'approcha pour la saluer, Bernadette lui ouvrit les bras et lui déclara : « Dites surtout à Alain que je l'aime beaucoup. » Cela me fit chaud au cœur.

De mon côté, je n'ai pas pénétré dans votre cercle de famille que vous protégiez jalousement. Je n'osais pas vous demander des nouvelles de Laurence et vous ne m'en donniez pas. C'est en lisant vos *Mémoires* que j'ai pu mesurer la souffrance que vous avez vécue auprès de cette fille aimée que j'ai vue rarement, une fois à coup sûr lors de la cérémonie de passation des pouvoirs avec François Mitterrand à l'Élysée en mai 1995. Sa famille l'entourait comme pour la protéger de toute curiosité malsaine.

Je crois me souvenir que j'ai été invité une fois à l'un de vos dîners d'anniversaire. Il est vrai que j'oubliais souvent de vous le souhaiter, au grand dam d'Isabelle qui me sermonnait vigoureusement.

Ni vous ni moi n'avons jamais aimé les confidences trop intimes. Nous portions l'un et l'autre une forme de carapace qui nous protégeait des coups fréquents que reçoit tout homme politique. J'avais la réputation d'être froid, et même « dur » paraît-il. Je m'amusais de lire, périodiquement, sous la plume de tel ou tel journaliste commentant l'une de mes interventions à la télévision : « Juppé a fendu l'armure. » Il faut croire qu'elle se ressoudait aussitôt ! Peut-être cachais-je trop bien mon jeu… Vous étiez d'un contact plus facile, ouvert, chaleureux. Combien de centaines de milliers de mains avez-vous serrées ? Vous m'incitiez à faire de même et me reprochiez de ne pas toujours regarder chaque personne dans les yeux. Je trouvais le reproche injuste. Je vous observais et je vous prenais souvent en flagrant délit d'être trop vite passé à la personne suivante… Mais votre charisme était réel. Ceux qui ne vous aimaient pas le trouvaient artificiel, de façade. Vous étiez, c'est vrai, un combattant qui savait porter les coups. Mais votre générosité, votre attention à autrui étaient sincères. Vous preniez toujours discrètement des nouvelles de celles et ceux que vous saviez malades. Vous préfériez la compagnie des gens simples aux grands de ce monde que vous fréquentiez pourtant régulièrement. Vous aimiez les paysans ; votre bonheur tout au long des heures interminables que vous passiez chaque année au Salon de l'agriculture faisait plaisir à voir. Je partageais cette attirance mais j'étais moins performant, notamment pour ingurgiter les quantités considérables de nourriture et de boissons offertes de stand en stand... Vous maîtrisiez mieux que moi la technique consistant à vider son verre, discrètement (encore !), au passage, dans le premier pot de fleurs venu. Vos tournées dans les rues commerçantes partout où vous passiez, à Paris comme dans les villes et villages de province, laissaient des souvenirs impérissables au boucher, à la boulangère, aux marchands de fruits et légumes, etc. Vous aviez compris que le commerce de proximité jouait un rôle non seulement économique mais aussi social irremplaçable. Vous l'aviez protégé à Paris en refusant l'installation des grandes surfaces dans l'enceinte du périphérique. Fort de votre exemple, j'expliquais souvent à Bordeaux que l'unique moment où tant de nos concitoyens vivant seuls – et ils sont nombreux – pouvaient rompre leur solitude, c'était la conversation quotidienne avec le « petit commerçant » du coin.

Mais votre « altruisme », pour revenir à la question de nos étudiants, prenait une autre dimension. Il inspirait les grandes politiques dont vous avez été l'initiateur. Je pense aux textes que vous avez fait adopter contre les discriminations de tous ordres que subissaient les personnes porteuses de handicap. Chacun a en mémoire les croisades que vous avez menées contre l'insécurité routière ou pour aider la recherche contre le cancer. Vous assumiez ainsi vos responsabilités de chef de l'État. Mais chacun sentait bien que vous y mettiez aussi tout votre cœur. Oui, vous étiez un altruiste... secret, je préfère dire pudique. Sur ce sujet, je vous laisse le mot de la fin : « J'appartiens à une génération de responsables politiques qui n'a pas pour habitude d'afficher ses états d'âme[4]. »

J'en viens à la troisième question de nos étudiants : l'héritage de Jacques Chirac.

Qui pourrait attendre de moi que, malgré mes bonnes résolutions, je sois objectif dans ma réponse ? Chacun se fera son opinion. J'ai la mienne et je me suis efforcé de la faire partager à mon auditoire de la « Catho » : ce qui m'a séduit dès l'abord chez Jacques Chirac, ai-je confié à notre jeune public, c'est l'homme d'action. Le « bulldozer », comme on l'appelait, quand il déboulait dans l'entourage de Pompidou. Le mot « volonté » revenait souvent dans ses discours ; c'était sans doute une pierre dans le jardin de ceux qui, à son sens, en manquaient. Mais c'était la vertu qui l'animait profondément et qui explique son exceptionnelle capacité de résistance et de rebond. Au lendemain de son échec de 1988, un peu sonné malgré tout, il réagit vite : « Je n'ai jamais pensé, ni à ce moment-là ni plus tard, que [cet échec] pouvait être définitif[5]. » Il affirme sans détour : « On n'accède pas à la magistrature suprême sans une volonté tenace, constante, d'y parvenir, ni l'intime conviction, chevillée au corps, du destin qui nous y conduit[6]. »

4. *Ibid.*, p. 386.
5. *Ibid.*, p. 383.
6. Jacques Chirac, *Mémoires*, t. 2, *Le Temps présidentiel*, *op. cit.*, p. 10.

Quand je me risque à comparer nos trajectoires, je me dis souvent que je n'étais pas dévoré par la même ambition, c'est bien le mot qui convient. Au lendemain de la « primaire » de 2016, l'un de mes amis, qui réfléchissait aux raisons de ma défaite, m'a lancé cette interpellation dérangeante : « En aviez-vous vraiment envie ? » Je réserve ma réponse pour le temps où j'aurai le goût d'un exercice d'introspection. Ce n'est pas demain la veille…

Ce volontarisme, Jacques Chirac ne l'a pas mis seulement au service d'une carrière personnelle. C'est le ressort de son action publique. Il a fallu une bonne dose de mauvaise foi pour le qualifier de « roi fainéant ». Tout au contraire, je le vois, moi, comme un « vaillant réformateur ». Vaillant réformateur, il l'a été en tant que chef de parti en remettant sur pied le mouvement gaulliste. Il l'a été en tant que maire de Paris en permettant à la capitale de tirer parti de tous les atouts de son nouveau statut. Il l'a été en tant que Premier ministre et Président. J'ai évoqué quelques-unes des grandes réformes qu'il a soutenues ou menées à bien : la légalisation, sous conditions, de l'IVG en 1974-1975, conquête décisive pour la liberté de la femme ; le rétablissement de l'économie française entre 1986 et 1988 et son ambitieux programme de privatisations ; la professionnalisation de nos armées en 1995-1997 ; le sauvetage de l'assurance maladie qui sombrait dans le « trou de la sécu » en 1995-1996 ; la qualification de la France pour le passage à l'euro dès le 1er janvier 1999 ; je ne reviens pas sur les lois relatives au handicap, sur le plan cancer ou le plan sécurité routière, etc.

Je ne veux pas oublier ses décisions emblématiques ou ses discours historiques : je pense à son refus de la deuxième guerre en Irak en 2003 ; à son discours sur la rafle du Vél' d'Hiv en 1995 et à l'installation de la commission sur la spoliation des biens juifs ; ou bien encore à son avertissement de Johannesburg en 2002 : « La maison brûle et nous regardons ailleurs. »

À ceux, étudiants ou non, jeunes ou moins jeunes, qui voudraient approfondir la connaissance qu'ils ont de Jacques Chirac et de son œuvre, je conseille la (re)lecture de ses *Mémoires* que j'ai souvent cités dans cette lettre. Sur la première page de chacun des deux tomes qu'il m'a destinés, il a écrit : « À mon ami Alain Juppé, en témoignage de mon estime, de ma reconnaissance et de ma très grande affection. » J'envie son art de faire d'aussi belles dédicaces, et de surcroît d'une aussi belle écriture.

Avant les grands rendez-vous qu'il a eus avec les Français, il a pris la plume pour leur dire où il voulait les conduire : *La Lueur de l'espérance* en 1978, *Une nouvelle France* en 1994, *Une France pour tous* en 1995…

Dans tous ces textes, on retrouve l'homme d'abord, mais aussi une pensée. Il n'a pas bien sûr construit un système philosophique ni une nouvelle idéologie politique. Mais il a exprimé avec constance une vision de l'homme et du monde qui pourrait nous servir de boussole dans les temps qui viennent. C'est pourquoi je voudrais tenter d'expliquer, pour finir, ce que signifie pour moi « être chiraquien », aujourd'hui et demain.

Premier principe du « chiraquisme » : l'attachement aux valeurs républicaines qui s'exprime dans le respect de Jacques Chirac pour les institutions de la Ve République et les règles de la démocratie représentative. On l'a vu en période de cohabitation. On l'a vu aussi dans son refus intransigeant de toute compromission avec une extrême droite dont l'histoire, la culture, les programmes, à ses yeux, sont incompatibles avec ces valeurs républicaines. Il a toujours opposé une fin de non-recevoir déterminée à ceux qui lui conseillaient une attitude plus conciliante ; sa seule rencontre avec Le Pen, que je sache, fut brève, le temps de lui dire qu'il n'avait rien à lui dire. C'est notre honneur d'avoir tenu bon dans un parti où les tentations, sur les franges, n'étaient pas rares.

Chirac le républicain. Chirac l'humaniste aussi. Je sais bien que l'humanisme, par les temps qui courent, n'a pas toujours bonne réputation. Nombreuses ont été, au siècle dernier, les entreprises intellectuelles menées pour le « déconstruire ». Les arguments ne manquaient pas : les guerres, les génocides, les horreurs en tout genre, la Shoah, le Goulag… le visage sombre de la nature humaine. Peut-être les philosophes les plus avisés parviendront-ils à reconstruire un nouvel humanisme pour notre siècle qui pourtant persévère dans la barbarie. Soyons ici plus modeste. Je me satisfais de la définition que Jacques Chirac donne de son humanisme. Écoutons-le : « L'humanisme, c'est l'affirmation de la dignité absolue de tout être humain. » Traduction en actes : on connaît sa détestation de l'antisémitisme, de toutes les formes de racisme ; son amour des cultures du monde et de la diversité humaine.

Humanisme, certes. Est-ce le mot qui convient vraiment ? Appliqué à Chirac, je le trouve un peu académique, pompeux, presque pédant. Je crois qu'il vaudrait mieux parler de son humanité. Cette humanité qui, en septembre 1981, le conduisit, avec quinze autres députés de l'opposition, dont Philippe Séguin, Michel Noir et Jacques Toubon (je n'étais pas membre du Parlement en ce temps-là), à voter l'abolition de la peine de mort. Un sondage paru le jour du vote indiquait que 62 % des Français restaient favorables à la peine capitale, et parmi eux beaucoup des électeurs de droite. Chirac n'en a cure et enfonce le clou : « Le respect de la personne humaine est de ces valeurs sur lesquelles je refuserai toujours de transiger, quelles que soient les conséquences pour ma carrière ou celle de mes amis[7]. » L'inspirateur de la loi d'abolition, on s'en souvient, était un homme de gauche, Robert Badinter, dont ce fut le grand combat.

Humanité de Jacques Chirac dans ses relations personnelles, sa manière spontanée et discrète de se manifester auprès de ceux qui étaient dans la peine. Attitude qui m'a tant fasciné. Sympathie, compassion, ces mots avec lui prenaient tout leur sens : il savait souffrir avec ceux qui souffraient.

---

7. Jacques Chirac, *Mémoires*, t. 1, *Chaque pas doit être un but*, *op. cit.*, p. 301.

Humanité de Chirac sur ses terres corréziennes où l'on parle encore de l'attention qu'il portait à chacune et à chacun, des initiatives qu'il prenait pour venir en aide aux plus fragiles.

Les Parisiens sont plus volages. Combien se souviennent qu'au bilan de Jacques Chirac maire de Paris, il faut aussi inscrire la création du Samu social ? Il en raconte la genèse dans ses *Mémoires*. L'idée lui en fut donnée par Xavier Emmanuelli, en qui il vit tout de suite « le symbole de tout ce qu'un cœur humain peut porter en lui de dévouement et de générosité ». L'objectif était « de mettre sur pied un dispositif plus efficace afin de porter secours aux nouveaux laissés-pour-compte de la société, le plus souvent privés de tout moyen de subsistance et souffrant de traumatismes et de graves problèmes de santé qui achèvent de les plonger dans un isolement inextricable ». Le projet se heurta bien sûr au scepticisme de toutes les administrations dites « compétentes », et peut-être même aux réserves de l'adjoint chargé des finances de la Ville… un certain Alain Juppé. Le maire tint bon. Il raconte comment « une nuit de novembre 1993, nous sommes partis en compagnie d'infirmières et de travailleurs sociaux, à bord de véhicules banalisés, à la rencontre des premiers SDF auxquels nous pourrions proposer, si besoin, d'être pris en charge pour des traitements médicaux. La plupart se sont méfiés au premier abord en nous voyant arriver, par crainte que nous cherchions à les convaincre de rejoindre un lieu d'hébergement. Mais il ne s'agissait pour nous, comme ils l'ont vite compris, que de leur permettre, s'ils le souhaitaient, de bénéficier des mêmes soins que tout le monde, sans atteindre à leur dignité. Ce qui m'a frappé en les voyant, ajoute Chirac, c'est la jeunesse de beaucoup d'entre eux[8] ». En février 1994, Xavier Emmanuelli fait un premier état de la situation : « Nous attendions 8 000 appels. Ils ont été 15 000. On nous appelle de partout. Quel flot[9] ! »

Entre-temps, Xavier Emmanuelli m'avait entraîné dans une de ses maraudes nocturnes et m'avait converti. On ne résiste pas au charisme de cette sorte de saint laïque. J'en avais fait, en plein accord avec Jacques Chirac, le secrétaire d'État chargé de l'Action humanitaire d'urgence de mon gouvernement, directement rattaché au Premier ministre.

Humanité authentique de Jacques Chirac que le peuple de France a fini par comprendre et aimer. À preuve l'extraordinaire émotion qui nous a tous saisis à l'annonce de son décès. Une vague puissante s'est levée à travers le pays tout entier. La nation sentait qu'elle perdait, en quelque sorte, un père. De « Chirac-facho » à « Chirac-humain »... quel beau chemin de vie.

Cette humanité, elle a aussi imprégné l'action de Jacques Chirac sur la scène mondiale où il a été un artisan de paix. Sa vision des relations internationales reposait tout entière sur la défense du multilatéralisme, ce mot barbare qui désigne la conviction qu'il

---

8. *Ibid.*, p. 419.
9. *Ibid.*

faut chercher à résoudre les conflits par la négociation plutôt que par l'usage de la force qui doit demeurer l'*ultima ratio*. « Je considère, affirme-t-il, que le devoir des grandes puissances, et celui de la France en particulier, est de s'employer, partout où elles le peuvent, au maintien de la paix et à la prévention des conflits[10]. »

Tout au long de ses présidences, Jacques Chirac est resté fidèle à cette ligne : la paix, pas la guerre. C'est la position courageuse qu'il a prise contre le déclenchement de la deuxième guerre d'Irak en 2003. Toute sa politique internationale et européenne était tendue vers le même but. « Européen de raison », il aurait sans doute continué à proclamer, malgré le scepticisme de certains beaux esprits, que « l'Europe, c'est la paix ». J'ai montré la constance de son engagement européen qui constitue aussi, pour moi, un pilier du « chiraquisme ». Et Jacques Chirac souscrivait certainement à l'avertissement de François Mitterrand : « Le nationalisme, c'est la guerre. »

## Si vis pacem

Une exception cependant dans le multilatéralisme chiraquien : l'intervention militaire au Kosovo en mars 1999. Pour faire cesser les exactions et l'épuration ethnique menée par le régime de Belgrade contre la

10. Jacques Chirac, *Mémoires*, t. 2, *Le Temps présidentiel*, *op. cit.*, p. 126.

population albanaise de cette province, Jacques Chirac se résout à recourir à la force et l'explique aux Français dans une intervention télévisée solennelle : « Tout a été fait pour faire prévaloir une solution de raison, une solution de paix. Une solution conforme aux droits de l'homme. Devant l'obstination injustifiable et incompréhensible du président Milosevic, les Alliés unanimes ont estimé qu'il n'y avait plus d'autre choix que d'intervenir militairement[11]. »

La légalité de cette intervention de l'Otan a été discutée. Mais ce n'est pas mon sujet ici. Ce qui m'intéresse, c'est de montrer que, pour Jacques Chirac, paix et pacifisme ne riment pas. Sans doute aurait-il fait sienne, comme moi, cette pensée de Pascal : « La justice sans la force est impuissante. La force sans la justice est tyrannique. » Pour lui, l'une des plus hautes responsabilités d'un chef d'État est d'assurer la sécurité du peuple dont il a la charge, et de s'en donner les moyens. Il l'a montré dès 1995 en réformant profondément la défense nationale. Il avait conscience que cette responsabilité était aussi celle des dirigeants européens. C'est pourquoi il a constamment travaillé à faire progresser la politique de sécurité et de défense de l'Union européenne. Sans réussir la percée décisive.

Devant les obstacles qui demeurent nombreux, à commencer par les réticences de plusieurs de nos partenaires, devons-nous renoncer à ce projet ? Ne vivons-nous pas aujourd'hui un « moment européen » ?

11. *Ibid.*, p. 243.

Il m'arrive de le croire. La construction européenne est la cible de tant d'attaques qu'un sursaut est peut-être possible : attaques venues de l'extérieur, de l'Ouest comme de l'Est ; attaques de l'intérieur par les partis eurosceptiques ou franchement antieuropéens qui fleurissent un peu partout en notre sein ; attaques des régimes qui font l'apologie de l'illibéralisme qui n'est pas autre chose que la négation de nos libertés et droits fondamentaux.

Nous avons, Hubert Védrine et moi, un point commun : nous avons tous deux dirigé la diplomatie française. Curieusement, lui sous la présidence de Jacques Chirac (en cohabitation avec Lionel Jospin) et moi sous celle de François Mitterrand (en cohabitation avec Édouard Balladur) ! Il nous est souvent arrivé de débattre ensemble et de constater de nombreuses convergences entre nous. Une différence cependant à propos de l'Europe : j'utilisais fréquemment l'expression « Europe puissance » ; il me répondait que j'étais le seul à y croire.

Il est vrai que la notion de puissance est étrangère à l'ADN de la construction européenne. Pour s'en convaincre, il faut lire le lumineux article que Pascal Lamy vient de donner à l'une de mes revues préférées, *Commentaire*. Lamy connaît bien l'Europe et le monde : il a été directeur du cabinet du président de la Commission européenne, Jacques Delors, puis directeur général de l'Organisation mondiale du commerce (OMC) du temps où elle n'était pas encore paralysée. Il écrit : « La construction de l'Union visait à immuniser ses membres contre toute rechute dans une volonté de puissance ravageuse, en contribuant à faire advenir une forme de pouvoir à la hauteur de l'héritage des Lumières et de leurs recherches sur la paix perpétuelle. »

Mais nous ne sommes plus dans les années 1950. Pascal Lamy écrit aussi : « Nous sommes entrés dans un monde où l'Europe est condamnée à la puissance. » Je partage totalement ce constat qui doit nous pousser à l'action. J'ai eu l'occasion de le dire tout au long de mes campagnes : si l'Europe ne se donne pas les moyens de la puissance – et elle a tous les atouts pour ce faire –, chacune de nos nations sera réduite à l'état de vassalité sous la domination des grandes puissances du monde qui, elles, n'hésitent pas à s'affirmer comme telles. La meilleure sauvegarde de notre souveraineté en tant que Nation, c'est la souveraineté librement mutualisée dans l'Union. Quoi qu'on dise, les peuples le sentent bien. Et ceux-là mêmes qui passent leur temps à déplorer que l'Europe en fait trop, lorsque vient la crise, se plaignent qu'elle n'en fasse pas assez ! Faire plus, c'est la voie. À une condition ! C'est que nous vérifiions qu'il existe entre nos nations européennes un bien commun, je veux dire des valeurs communes suffisamment vivaces pour servir de socle éthique et politique à l'Union. La Charte de nos droits fondamentaux en donne l'esprit et la liste. La paix y figure. Pour moi, cette vision de notre avenir partagé, c'est aussi du chiraquisme.

Chaque année la Fondation qui porte votre nom continue à décerner deux prix : « Prévention des conflits » et « Culture pour la paix ». Tout est dit dans les titres. En 2019, notre jury a attribué le premier de ces deux prix à l'AUNOHR (Academic University College for Non-Violence and Human Rights) dont l'objectif est d'introduire la culture de non-violence et de paix dans les écoles, les universités et les institutions académiques au Liban et dans d'autres pays arabes. Nous avons voulu donner un signe d'amical soutien au peuple libanais qui nous est si cher, dans une région dévastée par la guerre et la barbarie. Quant au second prix, il est allé à Benki Piyako, fils du chef indien de la tribu des Ashaninka, peuple millénaire qui vit dans l'État d'Acre au Brésil et aussi au Pérou ; Benki Piyako et son centre sanitaire et éducatif œuvrent en faveur des droits des peuples indigènes et de la préservation de la nature. Vous n'avez pu assister à la remise de ces prix comme vous aviez l'habitude de le faire, mais je crois que vous auriez approuvé nos choix, fidèles à l'esprit de votre Fondation.

Chirac était-il de droite ? De gauche ? Il regrette, de manière presque touchante, de n'être pas parvenu à s'affranchir de son image un peu rebutante de chef de parti, d'homme d'ordre et de conservateur. Difficile de dépasser les stéréotypes !

Au fond de lui-même, Chirac était un modéré, un radical au sens rad-soc du terme, allergique au sectarisme et au fanatisme, soucieux de trouver des équilibres par la discussion plutôt que de passer en force. Je suis sûr qu'aujourd'hui, il aurait en horreur les invocations à la colère qui font le pain quotidien de tant de nos responsables politiques ou syndicaux. Peut-être, comme il m'arrive de le faire, citerait-il ce proverbe de bon sens : « La colère est mauvaise conseillère. »

Traduction de la « pensée Chirac » en économie : le seul modèle économique qui vaille à ses yeux, « c'est toujours celui d'une économie humaniste, qui tend à un meilleur équilibre entre les missions de l'État et la responsabilité des citoyens[12] ». C'est une ligne dont il n'a pas varié : « J'en appelle, écrit-il déjà au début des années 1980, à une libération de notre économie, tout en souhaitant que l'État demeure fidèle à ses véritables missions s'agissant notamment de l'emploi et de la solidarité[13]. » Je me retrouve dans la recherche de cette troisième voie, entre l'affirmation des libertés de la personne et l'exigence de fraternité humaine dans tous les espaces de solidarité où nous vivons : celui de la nation, celui de l'Europe, celui de la Terre.

---

12. Jacques Chirac, *Mémoires*, t. 1, *Chaque pas doit être un but*, *op. cit.*, p. 314.
13. *Ibid.*, p. 286.

## Ultimes messages

Je ne parviens pas à vous quitter, cher Jacques Chirac. Pourtant il faut conclure. Alors j'invite mon lecteur à méditer deux messages encore que vous nous avez laissés et qui nous projettent dans les décennies à venir.

### *D'abord Johannesburg*

« La maison brûle et nous regardons ailleurs. »

Cette phrase, que vous avez prononcée à Johannesburg en 2002, lors du Sommet mondial sur le développement durable, a marqué les esprits à tout jamais. On la cite régulièrement. Votre combat pour la cause écologique n'a pas été de circonstance. La conviction chez vous était ancienne, bien ancrée, et l'engagement a été durable.

Dès juin 1992, au lendemain de la conférence des Nations unies sur l'environnement, réunie à Rio de Janeiro, vous avez publié dans *Le Monde* un article intitulé : « Le devoir de l'humanité ». Il faut le relire. Vous y définissez trois priorités : « 1) La création d'un système d'observation des risques écologiques à l'échelle planétaire [pour] évaluer avec précision les risques d'atteinte à l'environnement, les facteurs qui les influencent et les enchaînements qui les entretiennent. 2) La maîtrise de la croissance démographique dans les pays du Sud [...] en agissant dans le respect des libertés individuelles, des croyances et des cultures, par l'information, l'éducation, les aides médicales et techniques... 3) Placer l'économie de marché au service d'un meilleur équilibre entre développement et environnement [...] ; les investissements, les transferts de technologie, l'assistance technique doivent être encouragés dans les pays qui intègrent les considérations écologiques dans leurs politiques nationales. » Prémonitoire !

Quinze ans plus tard, vous faites toujours entendre votre voix : en février 2007, à quelques semaines de l'élection présidentielle, vous convoquez à Paris la « conférence internationale pour une gouvernance écologique mondiale ». Ce fut une de vos dernières initiatives de chef d'État. Plus de deux cents personnalités ont répondu à votre invitation : ministres, dirigeants d'entreprise, représentants associatifs, scientifiques venus d'une quarantaine de pays. Al Gore et Ban Ki-moon ont adressé des messages ; Manuel Barroso, président de la Commission européenne, le patriarche Bartholomeos, le docteur Jane Goodall, Jean Charest, Premier ministre du Québec, Nicolas Hulot, Hubert Reeves, Thierry Breton, Michel Camdessus, Yves Coppens et beaucoup d'autres sont montés à la tribune. Vous m'avez confié la présidence du comité d'honneur de la conférence, en binôme avec Hubert Védrine. Je me suis toujours bien entendu avec lui ; comme je l'ai dit, nos analyses sont souvent convergentes même si je lui reproche une forme de scepticisme trop distancié vis-à-vis de la construction européenne. Mais je fais volontiers mien le jugement très élogieux que vous portez sur lui : « Ce qui caractérise Hubert Védrine, c'est une grande finesse d'analyse alliée à une parfaite maîtrise des rouages diplomatiques, la fidélité à des convictions affirmées en même temps qu'une ouverture d'esprit à rebours de tout esprit dogmatique[1]. »

Avec l'aide des équipes de l'Élysée et celle de Nelly Olin, ministre chargé de l'Environnement, nous avons organisé plusieurs ateliers de travail aux titres très volontaristes : lutter contre le dérèglement climatique ; agir pour la biodiversité ; combattre la pollution et préserver la santé ; faire de l'eau un enjeu partagé ; inventer la croissance écologique ; renforcer la gouvernance internationale de l'environnement. L'objectif opérationnel de la conférence était de proposer une véritable organisation mondiale de l'environnement dotée de moyens et de compétences à la hauteur des enjeux. « L'appel de Paris », qu'au nom de tous les participants vous avez lancé de la Présidence de la République le 3 février, se terminait en ces termes : « Nous, Citoyens de la Terre [...] nous appelons à transformer le programme des Nations unies pour l'Environ-

1. Jacques Chirac, *Mémoires*, t. 2, *Le Temps présidentiel*, *op. cit.*, p. 218.

nement en une véritable organisation internationale à composition universelle. »

J'y croyais dur comme fer. Je n'avais pas encore publié mon livre : *Je ne mangerai plus de cerises en hiver*[2] dont j'allais emprunter le titre à Nicolas Hulot ; mais depuis mon séjour au Québec, notamment ma visite à Iqaluit, capitale des Inuits, où j'avais vu fondre le pergélisol (les Québécois traduisent ainsi le mot « permafrost »), j'avais fait ma conversion écologique. Je pris donc mon bâton de pèlerin, avec Nelly Olin, pour porter la bonne parole au Maroc où nous avions obtenu que se tienne la première réunion du groupe pionnier des Amis de l'ONU-E, l'ONU-Environnement. Las ! Notre enthousiasme ne fut pas communicatif ! L'idée de créer une nouvelle organisation dans la mouvance des Nations unies donnait des boutons aux Américains. Russes et Chinois n'étaient guère prêts à s'engager. Nos partenaires européens restaient dans une prudente expectative. Bref, ce fut un flop et, dès votre départ de l'Élysée, le projet fut enterré.

Pourtant « la maison brûle » toujours et plus que jamais. L'Australie brûle. La Californie brûle. La Sibérie brûle. Le Brésil brûle. En 2007, vous disiez : « Nous sommes parvenus au seuil de l'irréversible, de l'irréparable. » Avons-nous, en 2020, franchi ce seuil ? Beaucoup le pensent. Je refuse de toutes mes forces le catastrophisme, l'apocalypse de l'effondrement et la résignation. Je me raccroche au moindre signe d'espoir. J'ai toujours pensé que les choses

2. Alain Juppé, *Je ne mangerai plus de cerises en hiver*, Paris, Plon, 2009.

ne changeraient vraiment que lorsque les habitants de la planète, chacune, chacun d'entre nous, changeraient de comportement. Le basculement est peut-être en train de se produire. Nos enfants et petits-enfants commencent à nous interpeller, à nous demander des comptes. C'est bon signe. Je suis sûr que vous auriez reçu et écouté Greta Thunberg. Mais les freins au changement restent puissants. Or les changements à réaliser sont immenses. Et urgents. Nous avons besoin de leaders pour les conduire, avec courage et confiance. Vous nous manquez.

## *Une nouvelle France*

Je remonte dans le temps, jusqu'en 1994, date à laquelle vous avez publié ce petit livre-programme intitulé *Une nouvelle France*. Je me délecte à le relire tant j'y retrouve des phrases d'une étonnante actualité.

Vous y parlez par exemple du « vertige suicidaire des banlieues ». Ou bien encore « d'une véritable déprime collective, mal tantôt rampant, tantôt s'exaspérant en explosions de colère, quand un quartier, une profession, une génération a le sentiment de n'être ni entendu ni compris ». Vous constatez qu'un « fossé s'est creusé entre les Français et ceux qui les gouvernent. Cette coupure entre la vie politique et les citoyens conduit une partie de nos compatriotes à vivre comme en exil à l'intérieur de notre démocratie. D'autres ne voient de remèdes que dans les solutions simplistes que leur propose l'extrémisme ou le populisme ». J'ai d'abord envie de dire à l'auteur : bravo !

Bravo pour la pertinence du diagnostic que je partageais presque totalement quand il fut publié.

Je dis aussi bravo ! pour la capacité d'anticipation et la volonté d'agir. En exergue à *Une nouvelle France*, on peut lire en effet : « C'est le déclin quand l'homme dit : "Que va-t-il se passer ?" au lieu de dire : "Que vais-je faire ?" »

Et tout au long des pages revient l'éloge du volontarisme qui vous est si cher. Le livre n'est naturellement pas une réflexion sur les malheurs du temps mais un programme d'action qui fourmille de propositions et de recommandations opérationnelles. Mais alors, comment expliquer que tant de maux dénoncés il y a plus d'un quart de siècle restent néanmoins d'une brûlante actualité en 2020 ? Encore un exemple parmi d'autres : il faut, selon vous, « construire une nouvelle citoyenneté. Une citoyenneté qui donne à chacun le droit de participer à la France ». « Le droit de participer à la France », belle formule et quête toujours insatisfaite.

Pourquoi avons-nous collectivement échoué à répondre aux aspirations de notre peuple et à tenir les promesses que nous lui avons faites ? Nous, les dirigeants successifs de notre pays, toutes tendances confondues ? Terrible questionnement ! Ce n'est pas faute d'avoir entrepris et mené à bien de nombreuses réformes. Prétendre aujourd'hui que depuis vingt ans, rien n'a été fait est un peu simpliste. Mais, à l'évidence, cela n'a pas suffi.

Nous avons des circonstances atténuantes. La crise mondiale de 2007-2008 a bouleversé les commencements du quinquennat de Nicolas Sarkozy. Crise à laquelle il a su faire face avec un sang-froid et une maîtrise qui méritent d'être salués. Mais crise qui a laissé des traces durables. Nous avions retrouvé tout juste en 2019 le niveau d'emploi et de richesse collective d'avant-2007. La pandémie vient aujourd'hui bouleverser la donne.

Et puis le monde a changé, en profondeur, jusque dans l'âme des peuples, à une vitesse qui s'accélère sans cesse. Quand j'enseignais au Québec, j'invitais mes étudiants à réfléchir sur le double mouvement de l'histoire que nous vivions : d'un côté la mondialisation et l'ouverture du « village global » ; d'un autre côté, le reflux, la recherche des racines, le retour vers la « petite patrie ». Dès 1996, lors du G7 que vous avez présidé à Lyon, vous l'aviez pressenti. Vous aviez proposé à nos partenaires un objectif très pertinent : réussir la mondialisation au bénéfice de tous. Car votre diagnostic était lucide : « Plus personne ne se sent à l'abri des restructurations, du chômage et de la précarité[3]. »

Avons-nous compris à temps ce repli des peuples sur eux-mêmes qui fracture nos sociétés ? Un exemple : nous parlons souvent de « la » jeunesse en qui nous fondons tous nos espoirs ; mais il y a plusieurs jeunesses, je le constate chaque jour : celle qui, formée dans les bonnes écoles, est à l'aise dans la mondialisation et celle qui, laissée au bord du chemin, se révolte et se construit un autre monde, celui du film *Les Misérables*.

Avons-nous assez réfléchi à la sourde inquiétude qu'entretient, chez nos contemporains, la prise de conscience,

3. Jacques Chirac, *Mémoires*, t. 2, *Le Temps présidentiel*, *op. cit.*, p. 143.

plus ou moins lucide, des défis que nous avons à relever tous ensemble ?

Le défi démographique : une Terre à plus de 10 milliards d'êtres humains ne sera plus la Terre de nos ancêtres qui comptait à peine plus de 300 millions d'habitants en l'an mille et n'a franchi le cap du premier milliard qu'en 1815.

Le défi climatique qui émerge enfin en première ligne dans le débat public ; et la transformation numérique de nos existences, porteuse de magnifiques progrès pour notre vie quotidienne, notre santé, notre éducation et tant d'autres applications… mais aussi lourde de menaces pour nos libertés individuelles. Votre génération a été en partie préservée des dégâts que provoque l'envahissement des réseaux sociaux. La mienne, qui est si proche de la vôtre, un peu moins. Et les perspectives ne sont pas réjouissantes !

On peut comprendre que l'accumulation de ces défis déstabilise nombre de nos concitoyens qui deviennent de plus en plus sensibles aux discours catastrophistes : la thèse du « grand remplacement » de nos populations originelles par les migrants qui arriveraient en masse a de plus en plus d'adeptes ; la montée des fanatismes religieux effraie, celui d'un salafisme d'un autre âge qui s'attaque à nos valeurs les plus précieuses, telle l'égalité entre les femmes et les hommes, mais aussi celui du créationnisme et du suprémacisme blanc (il paraît que 16 % des Américains sont convaincus que la terre est plate, le chiffre atteindrait 34 % parmi les 18-24 ans !). La collapsologie – du mot anglais *collapse*, « effondrement » – alimente les peurs millénaristes. Et tous ces mouvements de « pensée », si l'on peut dire, ont la même cible : les élites, les élites en tout genre, mais surtout les élites politiques. Je continue à soutenir qu'un pays a besoin d'élites qui le tirent vers le haut : intellectuelles, scientifiques, sportives, artistiques, entrepreneuriales, et même politiques. Le problème n'est pas celui de l'existence des élites, mais de leur renouvellement, détestable s'il se fait par cooptation, profitable à tous s'il repose sur le mérite. Ce discours ne passe pas, je m'en rends compte. Je persévère. Je pense que vous m'auriez encouragé.

Cher Jacques,

Vous avez toujours été pour moi « le Président » ou « Jacques Chirac ». Aujourd'hui, j'ose vous dire : Cher Jacques.

J'ai commencé à vous écrire dans les semaines qui ont précédé votre mort, entre Paris et Bordeaux où je me rendais chaque fin de semaine pour retrouver mes amis dans la ville qui me reste si chère. J'achève ma lettre en mai 2020, confiné avec Isabelle dans notre appartement parisien. Entre-temps, un séisme de force 10 sur l'échelle des catastrophes planétaires a bouleversé nos vies, celle de la France, de l'Europe, de milliards d'êtres humains. Nous avons beau nous dire que ce n'est pas la première pandémie qui frappe l'humanité, celle-ci nous laisse pantois. Nous ne l'avons pas vue venir. Et nous n'aimons pas être pris en défaut d'anticipation. Nous n'aimons pas non plus l'incertitude ni les aveux d'ignorance. Comme souvent quand je cherche à comprendre, mon esprit balance. J'entends volontiers ceux qui nous annoncent sur un ton péremptoire que « rien ne sera plus comme avant ». Mais je me dis aussi que nous courons un grand risque de tout recommencer comme avant. Nos gouvernements n'affichent-ils pas leur volonté de faire « redémarrer » la machine économique ? Ce « re », avant le démarrage, m'inquiète. Dans la hâte, nous pourrions conserver la même machine. Il va bien falloir pourtant la changer.

J'aurais aimé en parler avec vous et réfléchir avec vous aux innombrables questions que nous allons avoir à résoudre. Nous sommes dans le brouillard, reconnaissons-le. Pourtant il va falloir agir ! Je crois que nous serions vite tombés d'accord, vous et moi, sur les grands axes d'une riposte : penser d'abord aux plus fragiles, chez nous mais aussi entre les nations ; poser clairement à nos partenaires le choix existentiel que l'Europe doit trancher : construire une souveraineté partagée ou disparaître dans la vassalité aux grands empires ; inventer un nouveau modèle de croissance qui nous permette de maîtriser le réchauffement climatique et de cesser de piller la planète et sa biodiversité ; contribuer à la renaissance d'un multilatéralisme qui seul peut nous protéger du choc mortifère des puissances. Nous aurions, sur tous ces sujets, mille idées à échanger, mille projets à proposer.

Vous sentez bien que la tentation me démange de parler. Mais, volontairement, je me suis imposé le silence. Mon statut de membre du Conseil constitutionnel m'interdit de replonger dans l'arène. Curieusement, nos sorties de la scène politique présentent quelque similitude. L'âge en tout cas : en 2007, à la fin de vos mandats présidentiels, vous aviez 75 ans et vous avez alors pris du recul ; en 2019, quand je suis entré au Conseil constitutionnel, j'en avais presque 74. Mais, différence considérable, vous êtes parti rêve réalisé : vous avez été Président ! Je reste, pour ma part, sonné par l'échec sévère de ma candidature à la « primaire » de 2016. Je vous rassure : je n'en éprouve ni amertume ni jalousie. Je suis heureux et fier d'avoir vécu ce que j'ai vécu. Ce fut une merveilleuse aventure que d'agir avec vous pendant trois décennies, allons ! presque quarante années. Il est rare que deux hommes politiques se restent fidèles si longtemps et si constamment. Voyez : de Gaulle et Pompidou, sur la fin ; Giscard et vous ; Mitterrand et Rocard ; vous et Balladur ; Sarkozy et Fillon ; Hollande et Macron.

Comment expliquer cette fidélité réciproque ? Sans doute par une passion commune, celle de l'action publique. Il ne s'agit point d'agir pour agir, dans une sorte de fuite en avant. Mais d'agir dans un but, d'agir parce que l'action a du sens. Au tréfonds de cette complicité intellectuelle et morale qui nous rapproche, il y a la conviction, j'allais dire la croyance, peut-être la foi, qu'il est possible d'améliorer la vie des gens, la cohésion de la nation, la solidarité des valeurs entre Européens, la paix du monde. Qu'on peut augmenter la part du bonheur et réduire celle du malheur. Bref œuvrer au bien commun. Une forme d'idéal en somme.

J'ai bien conscience qu'en écrivant ces lignes, je vais déclencher le sourire des uns, les sarcasmes des autres. Tant est ancrée dans nos médias, chez beaucoup de nos intellectuels et chez nos décideurs économiques, mais surtout dans l'opinion publique la conviction qu'un homme politique ne peut être mu que par la recherche de son intérêt personnel, par des préoccupations bassement électoralistes, voire par le goût du lucre. « Tous pourris ! » Alors, un idéal ! Vous n'y pensez pas ! Eh bien si ! La politique peut être respectable et même noble. Par expérience, je sais qu'à la racine de tout engagement politique, chez la majorité des femmes et des hommes politiques, il y a bien une part d'idéal. Il est un reproche que j'ai du mal à comprendre : celui d'électoralisme. À l'approche de toute élection, les candidats chercheraient soudain à complaire à leurs électeurs. Mais, en un sens, c'est la définition même de la démocratie : écouter les citoyens, comprendre leurs attentes, essayer d'y répondre. Ne sont-ils pas la source du pouvoir confié aux élus ? Il y a bien sûr une ligne rouge à ne pas franchir : celle de la démagogie qui consiste à suivre les électeurs même quand on a la certitude qu'ils se fourvoient. À la différence du démagogue, l'homme d'État démocrate sait, quand sa conscience le lui dicte, aller à contre-courant. On cite souvent l'exemple de la peine de mort et de son abolition.

Quand on a consacré une large part de sa vie à la politique, comme nous l'avons fait vous et moi, il est dur de subir le mépris de ceux qu'on pensait avoir servis et même aimés.

Mais, encore un point commun entre nous, nous ne nous sommes jamais laissés abattre. Nous n'avons jamais baissé les bras devant cette schizophrénie des Français, individuellement conscients de vivre dans un pays béni des dieux, et collectivement déprimés et apeurés. Collectivement hostiles à la « classe politique » en général, mais personnellement attachés à « leur » élu(e). Nous n'avons jamais cédé au pessimisme, au défaitisme, au déclinisme et vous ne céderiez pas plus que moi aujourd'hui, j'en suis sûr, à la mode de la collapsologie. Haut les cœurs donc ! C'est aussi la force que j'ai puisée dans notre amitié si singulière.

Vous me manquez.

# Codicille

Au moment où j'écris les dernières lignes de cette lettre, j'achève la lecture du livre de Jérôme Garcin, *Le Dernier Hiver du Cid*[1]. Bouleversant récit des derniers jours de Gérard Philippe. Les médecins ont prononcé l'arrêt de mort, programmé, comme dans une de ces tragédies grecques que relisait le comédien dans ses derniers moments : *Les Troyennes* d'Euripide, *Antigone* de Sophocle. Au fait, pourquoi dit-on « arrêt de mort » ? C'est la vie qui s'arrête !

Étrangement cette lecture me ramène à vous, cher Jacques. Les situations n'ont pas grand-chose à voir, les hommes sont bien différents ! C'était un jeune dieu de 37 ans ; vous étiez un vieil homme. Il est parti sans la bénédiction de l'Église, j'ai décrit vos messes de funérailles, etc. Et pourtant, il a fini ses jours rue de Tournon, lui aussi. Sa mort a provoqué une grande émotion populaire, comme la vôtre. Mais surtout, je me sens également bouleversé par cette lecture et par votre départ. Approche de la mort qui rôde ?

1. Jérôme Garcin, *Le Dernier Hiver du Cid*, Paris, Gallimard, 2019.

Je me revois à votre chevet. Plusieurs mois se sont déjà écoulés. Mais j'entends toujours le souffle régulier, trop régulier de votre respiration. Et brutalement surgit dans ma mémoire le souvenir d'une scène identique, il y a plus de vingt ans, en juillet 1998, dans la chambre d'hôpital où gisait mon père. Il était au bout du rouleau. Les sédatifs faisaient leur œuvre. Sa respiration bruyante, dans la pièce silencieuse où j'avais passé la nuit auprès de lui, suivait le même rythme, régulier, presque artificiel, venant du fond de l'être. Tout d'un coup je fus pris d'une quasi-panique : tout allait donc finir avant que j'aie pu dire tout ce que j'avais à dire. Trop tard.

C'est Jean Vilar qui trouve la bonne réponse dans le dernier hommage qu'il rend à Gérard Philippe sur la scène du Théâtre de Chaillot : « Cependant il nous faut continuer, c'est une loi de notre métier et ce sera le meilleur hommage à sa mémoire. »

# Table

Prologue ........ 9
Introduction ........ 13

I. COMMENCEMENTS ........ 15
II. CONQUÊTES ........ 57
III. AU POUVOIR ........ 121
IV. DAMNATION ET RÉDEMPTION ........ 165
V. À DEMAIN ! ........ 193

Ultimes messages ........ 217
Codicille ........ 231

Achevé d'imprimer par
Corlet Imprimeur
14110 Condé-en-Normandie

Réalisation : Nord Compo à Villeneuve-d'Ascq
Dépôt légal : septembre 2020
ISBN : 979-10-210-4300-8
Numéro d'édition : 4486
*Imprimé en France*